큰별쌤 최태성의 별★별 한국사 ❻ 근대

초판 1쇄 발행 2021년 10월 20일 | 초판 19쇄 발행 2025년 12월 3일
글 최태성 | 그림 김선배 | 연구 별★별한국사연구소 곽승연 이상선 김혜진 | 펴낸이 최순영
교양 학습 팀장 김솔미 | 편집 김희선, 최란경 | 키즈 디자인 팀장 이수현 | 디자인 하늘·민
펴낸곳 ㈜위즈덤하우스 | 출판등록 2000년 5월 23일 제13-1071호 | 주소 서울특별시 마포구 양화로 19 합정오피스빌딩 17층
전화 02) 2179-5600 | 홈페이지 www.wisdomhouse.co.kr | 전자우편 kids@wisdomhouse.co.kr

글 ⓒ 최태성, 그림 ⓒ 김선배, 2021
ISBN 979-11-91766-77-6 74910 · 979-11-91766-71-4(세트)

*이 책의 전부 또는 일부 내용을 재사용하려면 반드시 사전에 저작권자와 ㈜위즈덤하우스의 동의를 받아야 합니다.
*인쇄·제작 및 유통상의 파본 도서는 구입하신 서점에서 바꿔드립니다.
*책값은 뒤표지에 있습니다.

일러두기
1. 띄어쓰기와 맞춤법은 국립국어원 표기 원칙에 따랐습니다.
2. 지명, 유물명, 지도와 같은 자료는 주로 초등학교 사회 교과서와 중학교 역사 교과서(비상교육)를 참고하였습니다.
3. 본문에 나오는 책이나 신문의 이름에는 《 》를, 그림이나 글의 제목에는 〈 〉를 붙였습니다.
    단, 그림이나 사진 설명에는 예외를 두었습니다.

❻ 근대

큰별쌤 최태성의 별★별 한국사

글 최태성 · 그림 김선배

위즈덤하우스

들어가는 글

안녕? 한국사 길잡이 큰★별쌤이에요.

요즘 한국사는 영어보다 더 귀한 대접을 받고 있는 듯합니다. 공무원, 공사, 학교, 사기업 할 것 없이 한국사 자격증을 요구하고 있기 때문입니다. 49만 명이 응시하는 대학수학능력시험보다 더 많은 응시생인 53만 명이 응시하는 한국사능력검정시험이 한국사 열풍의 근거라 할 수 있습니다.

초등학교 역시 예외는 아닙니다. 한국사능력검정시험에 응시할 뿐 아니라 제가 운영하는 유튜브 최태성1tv에서 매주 금요일 라이브 방송이 열리면 초등학생들이 많이 참여합니다. 기특하게도 초등학생들은 점잖게 게시판 예의도 잘 지킵니다.

역사는 사실을 암기해서 시험 문제를 푸는 과목이 아닙니다. 역사는 사람을 만나는 인문학입니다. 과거의 사람을 마주하며 그 사람의 삶을 통해 자신이 어떻게 살 것인지를 고민하는 지점이 형성되었을 때 비로소 우리는 역사를 배웠다고 할 수 있습니다. 《큰별쌤 최태성의 별★별 한국사》를 집필하면서 여러분들에게 꼭 알려 주고 싶은 것도 이 부분입니다. 또 개별적 사실만을 많이 알고 있는 것보다 하나의 사실을 알더라도 그 사실이 가지고 있는 의미를 자신의 삶에 적용시켜 볼 수 있도록 했습니다. 역사는 과거와 현재의 대화라는 명제를 녹여 보고 싶었습니다.

예를 들면, 우리나라 최초의 국가 고조선을 이야기하면서 고조선의 건국 이념이 홍익인간이라는 단순한 사실을 알려 주는 데 그치지 않고, 누군가에게 도움을 주기 위해, 세상을 더 건강하게 만들기 위해 세워진 나라가 고조선이라는 점을 이야기하고 싶었습니다. 우리나라 출발이 그러한 역사를 가지고 있으니 이 책을 읽는 여러분들 역시 어떤 도움을 줄 수 있을지 고민해 보자고 이야기하고 싶었습니다.

학생들에게 꿈을 물어보면 예외 없이 판사, 의사, 변호사, 교사처럼 명사로만 답을 합니다. 그러나 명사로 답한 꿈은 그저 직업일 뿐입니다. 그 직업을 가지고 자신이 누군가에게 어떤 도움을 줄 수 있을지 고민하고 실천하는 동사의 꿈을 이야기해 주면 좋겠습니다. 사람이 사람다워짐은 바로 연대하고 협력하는 모습일 때라는 걸 잊지 말았으면 합니다.

이 책은 꿈을 꾸었던 과거의 사람들을 만나면서 자신의 꿈도 동사로 만들어 가는 여러분들의 모습을 상상하며 설레는 마음으로 썼습니다. 역사적 사실을 차분하게 알려 주면서, 사실들의 여백 속에 동사의 꿈을 자극하고 영감을 줄 수 있는 글을 채우려 노력했습니다.

이 책을 읽은 여러분들이 한국사능력검정시험에 도전해 보면 좋겠습니다. 또 책을 읽으면서 역사를 바라보는 건강한 시선을 갖추면 좋겠습니다. 여러분들이 건강한 시민으로 성장하면, 여러분들이 이끌 대한민국은 더 사람 내음 나는 행복한 세상이 될 겁니다.

아무쪼록 재미있게, 의미있게 《큰별쌤 최태성의 별★별 한국사》를 즐겨 주길 바라며, 이 책을 읽는 여러분들의 건강한 성장을 응원하며 글을 마칩니다.

한국사 길잡이 큰별쌤 최태성 올림

차례

1. 조선의 개항 · 10
고종의 즉위 · 12
흥선 대원군의 정치 · 14
병인양요 · 16
신미양요 · 18
강화도 조약 · 20
별별 역사 속으로 · 왜 개항을 반대하고 찬성할까? · 24
해외 시찰단 · 26
임오군란 · 28
갑신정변 · 30
동학 농민 운동 · 32
큰★별쌤 한판 정리 · 36
큰★별쌤 별별 퀴즈 · 38
큰★별쌤 별별 특강 · 40
도전! 한국사능력검정시험 · 42

2. 근대 개혁의 추진과 대한 제국의 수립 · 44
갑오개혁 · 46
을미사변과 을미개혁 · 48
아관 파천 · 50
독립 협회 · 52
대한 제국 · 54
근대 문물의 수용 · 56
큰★별쌤 한판 정리 · 64
큰★별쌤 별별 퀴즈 · 66
큰★별쌤 별별 특강 · 68
도전! 한국사능력검정시험 · 70

3. 나라를 지키기 위한 노력 · 72

을사늑약 · 74
을사늑약에 대한 저항 · 76
을사의병과 정미의병 · 78
애국 계몽 운동 · 80
신민회 · 82
의거 활동 · 84

큰★별쌤 한판 정리 · 88
큰★별쌤 별별 퀴즈 · 90
큰★별쌤 별별 특강 · 92
도전! 한국사능력검정시험 · 94

4. 나라를 되찾기 위한 노력 · 96

일제의 무단 통치 · 98
일제의 경제 수탈 · 100
3·1 운동 · 102
대한민국 임시 정부 · 106
문화 통치의 실시 · 108
국내 민족 운동 · 109
항일 무장 투쟁과 의열단 · 113
한인 애국단 · 114
민족 말살 정책 · 116
강제 동원 · 118
민족 문화 수호 운동 · 120

큰★별쌤 한판 정리 · 126
큰★별쌤 별별 퀴즈 · 128
큰★별쌤 별별 특강 · 130
도전! 한국사능력검정시험 · 132

정답 · 134
찾아보기 · 135
사진 제공 · 136

책 구성 소개

역사는 사람입니다. 역사 속 사람들의 삶과 지금 우리의 삶이 다르지 않다는 것을 한국사 여행을 통해 배웁니다. 큰별쌤과 함께 신나는 한국사 여행을 떠나 볼까요?

★ 각 단원에서 다룰 내용을 간추려 **핵심 내용만 요약**했어요.
★ 각 단원에 있는 **QR 코드**로 최태성 선생님의 강의를 들을 수 있어요.

★ 꼭 알아야 할 핵심 단어와 핵심 문장을 **제목으로** 구성해 **역사 흐름이 한눈에** 보여요.

500만 수강생이 들은 한국사 1타 강사 최태성 선생님이 핵심만 쏙쏙!

갑오개혁 ★ 신분제가 폐지되다

아관 파천 ★ 고종이 러시아 공사관으로 피신하다

독립 협회 ★ 만민 공동회를 개최하다

강대국들이 조선의 이권을 빼앗아 가는 상황을 보면서 사람들은 나라가 위험하다고 느꼈지. 역사적으로 우리나라 백성들은 어려울 때 힘을 모아 어려움을 극복

큰★별쌤 한판 정리

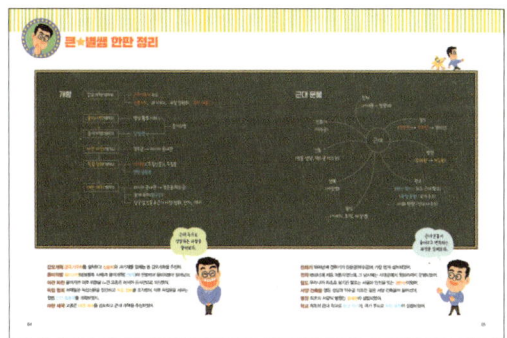

★ 한판 정리로 깔끔하게 한국사를 정리해요.

큰★별쌤 별별 퀴즈

★ 별별 퀴즈로 공부한 내용을 확인해요.

큰★별쌤 별별 특강

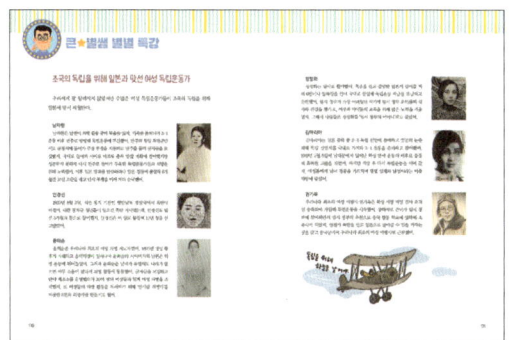

★ 역사 속 사람들을 통해 살아 있는 역사를 만나요.

도전! 한국사능력검정시험

★ 한국사능력검정시험 기출문제에 도전해 보아요.

최고예요!

큰별쌤과 함께라면 한국사 어렵지 않아요!

1866년
병인양요

1871년
신미양요

1876년
강화도 조약 체결

1882년
임오군란

1884년
갑신정변

1. 조선의 개항

　개항이라는 말이 무슨 뜻일까? 개항은 항구를 연다는 뜻이야. 다른 나라의 배가 드나들 수 있도록 하는 거지. 배를 타고 온 사람들과 배에 싣고 온 물건들이 항구로 들어오고 물건을 사고파는 거래가 항구에서 이루어진단다.

　이렇게 나라와 나라 간에 물건을 사고파는 것을 '통상'이라고 해. 조선은 개항을 하면서 서양과 통상을 하게 되었고, 새로운 문물을 많이 받아들였어. 우리가 신고 있는 '양말'이 무슨 뜻인지 알고 있니? 양말은 서양 양(洋), 버선 말(襪), 즉 서양 버선이라는 뜻이야. 지금 우리가 평소에 입고 있는 옷도 전통적인 한복은 아니지.

　언제부터 우리의 생활 방식이 이렇게 서양식으로 바뀌었을까? 그 시작이 바로 개항이란다. 개항 이후에 조선에 불어온 변화의 바람을 알아보자.

1894년
동학 농민 운동

고종의 즉위 ★ 흥선 대원군이 정치의 실권을 잡다

19세기 조선은 안팎으로 혼란스러운 상황이었어. 안으로는 몇몇 세도 가문이 권력을 이용해 온갖 부정부패를 일삼았고, 백성들은 피폐해진 삶을 견디다 못해 여기저기서 들고일어났어. 밖으로는 서양 세력이 개항을 요구하며 압력을 가하고 있었지.

이때 조선에 등장한 사람이 바로 **흥선 대원군**이야. 왕이 죽고 왕위를 물려받을 자식이 없으면 왕의 친척 중 한 사람이 왕위를 계승하게 되고, 왕이 된 사람의 아버지를 '대원군'이라고 불러. 조선 제25대 왕인 철종이 왕위를 물려줄 아들 없이 세상을 떠나자, 왕의 친척인 **고종**이 왕위에 올랐지. 고종의 아버지가 바로 흥선 대원군 이하응이야.

이하응은 왕족이긴 했지만 혈통으로 보면 왕권과는 거리가 멀었어. 당시 권력을 잡고 있던 안동 김씨 세력은 권력을 유지하기 위해 자신들이 마음대로 좌지우지할 수 있는 왕을 원했지. 그들은 왕족을 끊임없이 견제하며 조금이라도 능력이 있는 왕족은 역모 혐의를 뒤집어씌워 귀양을 보내거나 죽였어. 이하응은 목숨을 부지하기 위해 일부러 건달처럼 행세했어. 세도가 잔치에 찾아가 허겁지겁 술과 안주를 먹어 치우거나, 투전판과 술집에서 걸핏하면 저잣거리 잡배들과 싸웠지. 또 돈이 필요하면 난초 그린 그림을 들고 양반들을 찾아가 사 달라고 생떼를 부리기도 했어.

이런 이하응을 안동 김씨 세력은 관심조차 두지 않았지. 이렇게 안동 김씨의 관심에서 멀어진 이하응은 몰래 조 대비에게 접근했어. 조 대비 신정 왕후는 헌종의 어머니였어. 아들 헌종이 왕이 되면서 대비가 되었지만, 시어머니인 순원 왕후가 헌종에 이어 철종 때까지 수렴청정을 하는 바람에 뒤로 물러나 있었지. 순원 왕후가 죽고 철종이 세상을 떠나자 조 대비는 왕실 최고 어른으로 왕위 계승자를 결정할 수 있게 되었어. 당시 안동 김씨가 장악하고 있던 정치 권력을 재편하고자 했던 조 대비는 이하응의 아들을 왕위 계승자로 지명했어. 이때 왕위에 오른 고종은 고작 12세이었지. 처음에는 조 대비가 수렴청정을 했지만 얼마 못 가 물러났고, 고종의 아버지인 이하응이 어린 고종 대신 10년 동안 조선을 이끌게 되었단다.

흥선 대원군 12세에 왕위에 오른 고종의 아버지야. 어린 고종을 대신해서 10년 동안 나라를 다스렸지.

흥선 대원군의 정치 ★개혁의 칼을 빼어 들다

　흥선 대원군은 나라의 기강을 바로잡기 위해서는 왕권 강화가 중요하다고 생각했지. 그래서 먼저 당시 권력의 핵심 기구였던 **비변사**를 **폐지**했어. 원래 비변사는 군사와 관련된 일을 결정하는 회의 기구였는데, 임진왜란과 병자호란을 거치면서 권력이 강화되어 나랏일을 결정하는 최고 기구가 되었지. 세도 가문은 비변사를 장악하고 권력을 마음대로 휘둘렀어.

　비변사를 폐지한 흥선 대원군은 부정부패를 일삼는 관리들을 조정에서 쫓아내고, 인재를 고루 등용했어. 또 전국에 흩어져 있는 700여 개의 서원을 47개만 남기고 다 없애 버렸어. 당시 서원은 지방 양반들의 근거지였는데 나라에서 각종 혜택을 받으면서 백성들을 수탈하여 원성을 사고 있었거든.

　또 **호포제**를 실시하여 양반들에게 군포를 내도록 했어. 당시 백성들은 군역으로 군포를 내고 있었는데 양반들은 군역을 지지 않기 때문에 당연히 군포를 내지 않았지. 흥선 대원군이 양반들에게 군포를 내게 하자, 양반들은 일반 백성들과 같은 취급을 받는다는 걸 인정할 수 없다며 반발했지. 하지만 양반들의 부정부패와 횡포에 시달리던 백성들에게 흥선 대원군의 개혁은 반가운 일이었어.

당백전 당백전의 법정 가치는 상평통보의 100배였으나 실제로는 5~6배밖에 되지 않았지. 당백전의 발행으로 물가가 크게 올라 경제가 혼란해졌어.

한편 흥선 대원군은 왕실의 권위를 세우기 위해, 임진왜란 때 불탄 경복궁을 다시 세우기로 했어. 궁궐을 세울 때 필요한 나무는 조상 무덤이 있어서 양반들이 애지중지 보살피는 양반들의 묘지림에서 베어 사용했지.

또 경복궁 공사에 필요한 비용을 마련하기 위해 양반들에게 **원납전**이라는 기부금을 강제로 걷었지. 양반들은 '원해서 내는 돈'이 아니라 '원망하며 내는 돈'이라며 불평했어. **당백전**이라는 고액 화폐도 발행했는데 이것 때문에 물가가 크게 올라서 백성들의 생활이 어려워졌어. 게다가 흥선 대원군은 경복궁 공사에 백성들을 강제로 동원했어. 결국 무리한 **경복궁 중건 사업**으로 흥선 대원군은 양반뿐만 아니라 백성에게도 원성을 사게 되었단다.

경복궁 근정전 경복궁의 정전으로, 신하들이 임금에게 새해 인사를 드리거나 국가 의식을 거행하던 곳이야. 임진왜란 때 불탄 것을 흥선 대원군이 다시 지었어.

병인양요 ★ 프랑스군이 강화도를 침략하다

19세기에는 서양에서 온 배들이 조선 앞바다에 자주 출몰했어. 사람들은 서양 배를 보고 조선의 배와 다르게 생긴 이상한 배라는 뜻으로 **이양선**이라고 불렀지. 이양선을 타고 온 외국 선원들은 자신들과 통상할 것을 요구하며 해안으로 올라와 백성들을 폭행하거나 물건을 약탈하기도 했어. 흥선 대원군은 나라를 안정시키려면 나라의 문을 열면 안 된다고 생각해서 서양의 통상 요구를 거절했지. 그러자 프랑스와 미국은 군대를 앞세워 조선에 쳐들어왔어.

당시 조선에는 프랑스 선교사들이 들어와 천주교를 전파하고 있었는데, 제사를 부정하고 모든 사람이 평등하다고 말했지. 이러한 사상은 신분제 사회였던 조선

강화도에 침입한 프랑스군 병인양요에 참전했던 프랑스군 앙리 쥐베르가 당시 모습을 그린 그림이야.

에 무척 위협적이었어. 특히 양반들은 천주교를 금지하라고 요구했지. 그러자 흥선 대원군은 프랑스 선교사와 수천 명의 천주교 신자를 처형했어. 1866년, 병인년에 일어난 이 사건을 **병인박해**라고 한단다.

병인박해 때 가까스로 살아남은 프랑스 선교사가 중국으로 도망쳐 이 사건을 프랑스에 알렸어. 그러자 프랑스는 '조선이 프랑스 선교사 9명을 죽였으니 조선인 9000명을 죽이겠다'며 함선 7척과 1000여 명의 병력을 이끌고 강화도를 침략했어. 그것이 바로 **병인양요**야.

프랑스군은 강화도를 점령한 뒤, 프랑스 선교사를 죽인 책임자를 처벌하고 통상 조약을 체결하라며 조선 정부를 위협했지. 당시 프랑스군의 총과 대포의 위력은 어마어마했어. 당시 조선군의 화포는 화약의 힘으로 쇳덩어리를 날려 적군의 배를 부수는 무기였는데, 날아가는 거리가 짧았어. 그런데 프랑스군의 대포는 멀리 날아가고 목표를 조준할 수 있을 뿐만 아니라 포탄 자체가 터져서 공격하는 방식이었어. 막강한 화력을 가진 프랑스군의 공격으로 강화도는 순식간에 점령되고 말았지. 하지만 조선군은 쉽게 물러나지 않고 프랑스군에 맞서 끝까지 저항했어. 특히 **양헌수**가 이끄는 조선군은 정족산성에서 프랑스군과 한판 승부를 벌여 큰 승리를 거두었단다. 결국 프랑스군은 강화도를 떠날 수밖에 없었지.

프랑스군은 물러나면서 야만적인 짓을 저질렀어. 당시 왕실의 도서를 보관하던 외규장각의 서적과 보물들을 약탈하고 나머지는 불태워 버린 거야. 프랑스군이 가져간 외규장각 도서 중에는 왕실의 행사를 글과 그림으로 기록한 《의궤》가 포함되어 있었어. 프랑스 국립 도서관에서 근무하던 박병선 박사는 방치되어 있던 외규장각 《의궤》를 발견하고 반환을 위해 많은 노력을 하였단다. 박병선 박사와 우리 정부의 노력으로 외규장각 《의궤》는 2011년에 임대 형식으로 우리나라로 돌아왔지.

신미양요 ★ 제너럴셔먼호 사건으로 미국이 침략하다

병인양요가 일어나기 전, 미국의 제너럴셔먼호가 대동강으로 들어와 평양 근처에서 통상을 요구한 일이 있었어. 평안도 관찰사 박규수가 이를 거절하자, 미국 선원들은 평양까지 쳐들어와 조선 관리와 사람들을 죽이고 민가를 약탈했어. 이에 분노한 평양 사람들은 제너럴셔먼호를 불태워 침몰시켰지.

제너럴셔먼호 사건이 일어나자 미국은 이를 빌미로 1871년에 통상을 요구하며 군함을 이끌고 강화도로 쳐들어왔지. 이를 **신미양요**라고 해. 미군 역시 강력한 무기와 전투력을 가지고 있어서 조선군은 큰 피해를 입을 수밖에 없었어. 미군은 초지진과 덕진진을 점령하고 광성보를 공격했지. **어재연**이 이끄는 조선군은 열악한 무기와 병력에도 불구하고 미군에 맞서 처절하게 싸웠어. 나라와 가족을 지키겠다는 일념으로 끝까지 싸운 거지. 당시 신미양요에 참전한 미군 장교는 이런 말을 남겼다고 해.

"조선군은 용감했다. 그들은 항복 같은 건 아예 몰랐다. 무기를 잃은 자들은 돌과 흙을 집어 던졌다."

예상보다 조선군의 저항이 거세고 조선 정부가 통상 수교 요구에 끝까지 응하지 않자 미군은 철수했단다.

수자기 미군은 돌아갈 때 조선군 장수의 깃발을 빼앗아 갔어. 장수의 깃발은 '장수 수(帥)' 자가 새겨져 있다고 하여 '수자기'라고 불러. 이때 미군이 가져간 수자기는 미국 아나폴리스 해군 사관 학교 박물관에 보관되어 있다가 2007년에 장기 대여 형식으로 반환되었어.

미국에게 함락된 광성보 조선군은 광성보에서 치열하게 저항하다가 미군에 전멸당했어.

강화도 조약 ★최초의 근대적 조약을 체결하다

프랑스와 미국의 침략을 겪은 흥선 대원군은 서양과 화합할 수 없다는 내용을 새긴 **척화비**를 전국 각지에 세워 서양 세력과 통상 수교를 하지 않겠다는 의지를 널리 알렸어.

척화비 흥선 대원군이 통상 수교 거부 의지를 널리 알리기 위해 세운 비석이야. '서양 오랑캐가 쳐들어오는데 싸우지 않으면 화친하는 것이고 화친을 주장하는 것은 나라를 팔아먹는 일이다.'라는 내용이 새겨져 있어.

흥선 대원군은 안으로는 왕권 강화를 꾀하고, 밖으로는 통상 수교 거부 정책을 펼쳤어. 그러는 사이에 흥선 대원군의 아들인 고종이 22세가 되었어. 그러자 최익현을 비롯한 유생들은 이제 고종이 직접 나랏일을 맡아야 한다고 상소를 올렸어. 결국 흥선 대원군은 10년간의 섭정을 끝내고 물러났지.

고종이 아버지의 그늘에서 벗어나 직접 통치에 나서자 이번에는 고종의 아내인 명성 황후를 중심으로 한 민씨 세력이 정권을 잡았지.

고종과 민씨 세력은 흥선 대원군과 달리 통상 수교에 적극적인 태도를 취했어. 외국과 수교하고 무역을 해야 나라를 발전시킬 수 있다고 주장하는 박규수 같은 통상 개화파의 목소리도 점점 커지고 있었지.

조선의 대외 정책에 변화가 나타나고 있을 때 일본군이 군함 운요호를 몰고 강화도 앞바다에 와서 대포를 쏘며 수교를 맺자고 요구했어. 프랑스, 미국과 같은 방법으로 우리를 위협한 거지. 일본군이 멋대로 강화도 해안을 측량하고 다니자 조선 수군은 포를 쏘며 돌아가라고 경고했어. 그러나 오히려 일본군은 함포를 쏘아 초지진 포대를 무너뜨리고 영종도에 상륙해 조선 사람들을 죽이고 관청을 불태우는 등 만행을 저질렀단다. 그리고 조선군이 먼저 공격했기 때문이라며 싸움의 원인을 우리 탓으로 돌렸어. 그러고는 전쟁을 할 것인지, 수교를 맺을 것인지 둘 중 하나를 택하라고 강요했지.

결국 고종과 민씨 정권은 1876년에 일본과 **강화도 조약**을 맺었단다. 강화도 조약은 우리나라가 외국과 맺은 최초의 근대적 조약이야.

운요호 사건 당시 일본군의 강화도 상륙 모습을 일본인이 그린 그림이야. 그 당시 끔찍했던 상황을 알 수 있어.

강화도 조약 체결 모습(상상화) 강화도 조약은 강화도 연무당에서 체결되었어. 일본은 강화도에서 자신들의 군사력을 과시하며 위협적인 분위기를 조성했다고 해.

강화도 조약의 주요 내용

제1조 조선은 자주국으로 일본과 동등한 권리를 갖는다.

제4조 조선은 부산 외에 두 곳의 항구를 개항하고 일본인이 와서 통상을 하도록 허가한다.

제7조 일본인이 자유롭게 조선의 해안을 측량하는 것을 허가한다.

제10조 조선의 항구에서 죄를 지은 일본인은 일본 관리가 심판한다.

이렇게 체결된 강화도 조약은 불평등 조약이었어.

강화도 조약 제1조에 '조선은 자주국'이라는 말이 있지? 조선을 자주국이라고 밝혔지만, 이는 조선과 청의 관계를 끊어 청의 간섭을 차단하려는 일본의 속셈이 숨어 있었어. 그리고 제4조에 따라 부산에 이어 원산과 인천이 차례로 개항되었어. 더 심각한 문제는 제7조와 제10조였어. 제7조는 일본이 조선 정부의 허락을 받지 않고 해안을 측량하겠다는 것인데, 조선의 지리를 파악해 조선을 침략하기 위한 정보를 수집하려고 한 거였지. 제10조는 영사 재판권 또는 치외 법권이라고 해서 한국에서 죄를 지은 일본인을 일본 법에 따라 재판하도록 하는 조항이었어. 일본인이 우리나라에서 범죄를 저질러도 우리나라 법으로 죄를 물을 수 없게 한 거야. 강화도 조약이 얼마나 불평등한 조약인지 알 수 있겠지?

당시 조선 정부는 일본의 의도를 제대로 파악하지 못했기 때문에 이러한 조항을 받아들였어. 일본과 조약을 맺은 이후 미국, 러시아, 프랑스 등 서양 세력과도 불평등한 조약을 맺을 수밖에 없었단다.

별별 역사 속으로 ● 왜 개항을 반대하고 찬성할까?

강화도 조약을 체결할 즈음 최익현 등 보수적인 유생들은 일본의 개항 요구에 격렬히 반대했어. 이들은 외세에 굴복하여 나라의 문을 열면 나라의 경제가 어지러워지고 서양 세력에 예속될 것이라고 주장했어. 그러나 조선이 발전하려면 서양 세력과 통상을 하고 개화 정책을 펼쳐야 한다는 목소리가 점차 힘을 얻게 되었어.

개항 반대!

최익현은 성리학적 질서를 지키는 것이 옳은 길이며 서양 문물은 사악한 것이라 생각했어. 서양 세력이 무력을 앞세워 통상을 요구하자 흥선 대원군의 통상 수교 거부 정책을 지지하며 통상을 반대하였지. 강화도 조약 체결이 추진되자 최익현은 일본 역시 서양과 다르지 않다며 개항을 반대하는 상소를 올렸다가 유배를 당하기도 했단다. 이후 최익현은 일본의 국권 침탈에 저항하며 항일 의병 운동을 전개하였지.

의병을 일으킨 최익현은 관군과 대치하자 동족끼리 피를 볼 수 없다며 스스로 항복하고 쓰시마섬에서 감옥살이를 하다가 세상을 뜨고 말았어.

개항 찬성!

박규수는 북학파 실학자인 박지원의 손자야. 박규수는 청을 오가며 서양 문물을 접하게 되었는데 조선이 발전하기 위해서는 하루빨리 나라의 문을 열고 서구의 문물을 받아들여야 한다고 생각했지. 그는 김옥균, 박영효, 김윤식과 같은 젊은 지식인에게 서양 문물을 소개하고 개화의 필요성에 대해 이야기했지. 이들은 개항 이후 정부가 개화 정책을 추진하자 관료로 일하게 되었고 개화파를 형성하였단다.

제너럴셔먼호 사건 기억하지? 제너럴셔먼호가 평양 근처까지 와서 통상을 요구했을 때 이를 거절했던 평안도 관찰사가 바로 박규수였어.

해외 시찰단 ★ 외국의 새로운 문물을 배우다

강화도 조약 직후 조선 정부는 일본에 **수신사**를 파견했어. 일본이 어떻게 강한 나라가 되었는지 궁금했던 거야. 강화도 조약 이전에는 조선이 일본에 통신사를 파견했잖아? 통신사가 일본에 선진 문물을 전해 주는 의미라면, 수신사는 일본에서 선진 문물을 받아들인다는 의미가 강했지.

중국에도 **영선사**를 파견했어. 영선사 김윤식은 유학생 38명을 이끌고 청으로 가 서양의 무기 제조 기술을 배워 왔지.

미국과 수교 후에는 미국에 **보빙사**를 보냈어. 보빙은 답례로 외국을 방문한다는 뜻이야. 미국은 조선과 통상 조약을 체결한 뒤 조선에 공사를 파견했는데, 그 답례로 사신들을 미국에 보낸 거지. 보빙사의 일원이었던 유길준은 미국에 남아

수신사 행렬 1876년 5월 7일 요코하마에 도착한 수신사 일행 76명이 요코하마역으로 기차를 타러 가는 모습으로 〈일러스트레이티드 런던 뉴스〉에 실린 삽화야.

수신사 김기수 제1차 수신사로 일본에 갔던 김기수의 모습이야.

공부를 했어. 귀국하기 전에 유길준은 유럽과 동남아시아, 일본 등을 여행하면서 보고 느낀 것을 모아 《서유견문》을 썼어. 《서유견문》에는 유길준이 기차를 타 보고 느낀 소감도 적혀 있단다.

보빙사의 큰절 미국에 도착해서 미국 대통령을 만난 보빙사 일행이 큰절을 올리고 있는 모습이야. 이런 모습을 처음 본 미국인들은 삽화로 그려 신문에 실었단다.

이 차를 한번 타기만 하면 바람을 타거나 구름에 솟은 듯한 황홀한 기분을 맛보게 된다.

나 유길준.

개항 이후 조선은 외국에 나가 새로운 문물을 배우고자 노력했지. 근대 문화를 접한 조선 사람들은 감탄을 금치 못했어. 그런데 지금은 세계의 많은 사람들이 우리나라의 기술과 문화가 뛰어나다며 치켜세우지. 100여 년 동안 우리나라에 무슨 일이 있었던 걸까? 그저 놀라울 뿐이야.

임오군란 ★ 개화 정책에 반대하여 들고일어나다

정부가 개화 정책을 추진하자 문제점도 생겨났어.

다른 나라와 통상하면서 조선 면제품 수공업자들은 큰 타격을 입었지. 당시 영국에서는 산업 혁명이 일어나 면제품을 기계로 대량 생산했는데, 일본 상인들이 그 제품을 들여와 우리나라에서 팔았어. 값싸고 질 좋은 제품이 수입되면서 규모가 작은 조선 수공업자들은 경쟁력을 잃었던 거야.

또 일본이 조선 쌀을 싼 가격에 대량으로 구입해 가자, 쌀이 부족해지고 쌀값이 크게 올랐지. 땅을 갖고 있는 지주나 부농은 돈을 벌었지만 가난한 백성들의 삶은

별기군과 구식 군인 근대식 군사 훈련을 받고 신식 무기를 지급받은 별기군(왼쪽)과 구식 군인(오른쪽)이 함께 서 있는 모습이야.

별기군, 멋져요!

더욱 어려워졌단다. 개화 정책을 추진하면서 어려운 백성들을 보살펴야 했는데 당시 조선 정부는 그렇게 하지 못했어.

정부는 군대를 5군영에서 2영으로 축소하고 신식 군대인 **별기군**을 만들었어. 별기군은 특별한 기술을 배우는 군대라는 뜻으로, 신식 무기를 지급받았고 일본인 교관에게 근대식 군사 훈련을 받았지. 하지만 구식 군대는 2영으로 축소되면서 무더기로 해고를 당했고, 별기군보다 낮은 대우를 받았어. 그것도 모자라 1년 넘게 받지 못한 급료를 겨우 쌀로 받았는데, 그 쌀에 모래와 겨가 잔뜩 섞여 있었어.

그러자 분노한 구식 군인들이 1882년에 **임오군란**을 일으켰단다. 쌀값이 올라 생활이 힘들고 개화 정책에 불만이 많았던 백성들도 군인들과 함께했지. 이들은 정부 관리인 민겸호와 일본인 교관을 죽이고 일본 공사관을 습격했어. 다급해진 고종은 흥선 대원군에게 사건의 수습을 맡겼고 흥선 대원군이 다시 정권을 잡게 되었지. 하지만 명성 황후와 민씨 세력은 청에 도움을 요청했고 청은 바로 군대를 보내 군란을 진압하였단다. 수많은 백성들이 죽고 흥선 대원군은 임오군란의 배후로 지목되어 청으로 끌려갔어. 이후 임오군란을 진압해 준 대가로 청의 내정 간섭이 심해졌단다.

청이 순수한 마음으로 조선을 도와주었을까? 아니야. 결과적으로 청의 내정 간섭은 더욱 심해졌고 청과 불리한 조약을 맺어야 했어. 국내 문제를 해결하려고 다른 나라를 끌어들이는 건 정말 위험한 일이야. 정권은 유지되었지만 큰 대가를 지불했지. 당장의 어려움에서 벗어나기 위해 쉬운 방법을 택하면 더욱 힘든 상황을 겪게 될 수도 있어. 자신의 운명을 스스로 개척한다는 생각으로 어려움을 이겨 내려고 노력하면 좋겠어.

갑신정변 ★ 새로운 나라를 꿈꾸다

임오군란 이후 청의 간섭이 심해지면서 개화 정책의 추진이 주춤해졌지. 김옥균, 박영효, 홍영식, 서광범, 서재필 등 급진 개화파는 조선이 발전하기 위해서는 청의 간섭에서 벗어나 일본처럼 서양의 기술뿐만 아니라 사상과 제도까지도 받아들여야 한다고 주장했지.

그러던 중 청이 베트남에서 프랑스와 전쟁을 벌이면서 조선에 파견했던 군대 일부를 철수해서 베트남으로 보냈어. 이때를 틈타 급진 개화파는 정권을 잡으려고 계획했지. 우정총국 개국 축하 연회가 있던 날, 급진 개화파는 민씨 정부의 주요 관리들을 처단했어. 김옥균과 박영효는 군사를 이끌고 창덕궁으로 가 고종과 명성 황후를 경우궁으로 피신시키고 청이 난을 일으켰다고 속였지. 그리고 다음 날 급진 개화파는 겁먹은 고종과 명성 황후를 설득해 새로운 정부를 구성하고 14개조 개혁안을 발표했단다.

갑신정변의 개혁 정강 주요 내용

- 청에 잡혀간 대원군을 돌아오게 하고, 청에 바치던 조공을 없앤다.
- 모든 인민은 평등한 권리를 가지며, 관리는 문벌에 관계없이 능력에 따라 뽑는다.
- 세금 제도를 개혁하여 백성을 평안하게 하고 국가 재정을 넉넉하게 한다.
- 부정부패한 관리는 처벌한다.
- 급히 순사를 두어 도둑을 막는다.
- 모든 국가 재정은 호조에서 일괄 관리한다.

이상한 낌새를 알아챈 명성 황후와 민씨 세력은 또다시 청에 도움을 요청했고 청은 조선에 군대를 출동시켰어. 급진 개화파는 이런 상황에 대비해 미리 일본의 군사 지원을 약속받았지. 하지만 청과 충돌을 피하고 싶었던 일본은 소규모의 군대만 파견했어. 결국 급진 개화파 중 홍영식은 청군에게 죽고 김옥균, 박영효, 서광범, 서재필 등은 간신히 일본으로 피신했어. 이렇게 **갑신정변**은 3일 천하로 끝나고 말았단다.

갑신정변을 주도한 급진 개화파는 대부분 20대이고 명문가 자제들이었어. 하지만 이들은 자신의 특권을 내려놓고 새로운 세상을 만들기 위해 몇천 년 동안 내려온 신분제 폐지를 주장하였지. 하지만 소수의 지식인들이 중심이 되어 추진된 급진적 개혁이었기 때문에 민중의 지지를 얻지 못했어. 또 일본의 군사적 지원에 지나치게 의존한 모습을 보이기도 했어. 청의 간섭에서는 벗어나고자 했으나 정작 조선을 손에 넣으려는 일본의 속셈은 알아차리지 못한 거지.

우정총국 우편 업무를 맡아보던 관아야. 갑신정변 이후 우정총국을 없앴어.

갑신정변 주역들 왼쪽부터 박영효, 서광범, 서재필, 김옥균의 모습이야. 야심차게 갑신정변을 일으켰지만 실패하고 말았지.

동학 농민 운동 ★ 아래로부터 개혁 운동이 일어나다

갑신정변이 일어나고 10년 뒤인 1894년에 평범한 백성들이 중심이 된 개혁 운동이 일어났어. 바로 **동학 농민 운동**이야.

지금의 전라북도 정읍에 있는 고부는 땅이 기름지고 해산물이 풍부하여 살기 좋은 곳이었어. 그런데 고부 군수로 부임한 조병갑의 횡포로 백성들은 아주 힘들었지. 조병갑은 고을의 멀쩡한 저수지를 놔두고 백성들을 동원해 만석보라는 저수지를 하나 더 만들더니 과도하게 물세를 거두었어. 참다못한 **전봉준**은 농민들을 이끌고 고부 관아를 습격해 곡식 창고를 열어 농민들에게 나누어 주었어. 또 횡포를 일삼던 아전들을 처벌하고 감옥을 열어 죄 없이 갇힌 사람들을 풀어 주었지.

정부는 이를 수습하기 위해 이용태를 고부에 내려보냈어. 그런데 이용태는 봉기의 책임을 농민에게 돌리고 봉기를 주도한 사람들을

옥에 가두는 등 오히려 농민들을 탄압했어.

그러자 전봉준은 폭정을 없애고 백성들을 구하자며 전라도 부안의 백산으로 사람들을 불러 모아 농민군을 조직했어. 동학 농민군은 황토현과 황룡촌 전투에서 잇따라 관군을 물리치고 전주성까지 점령하며 기세를 올렸지.

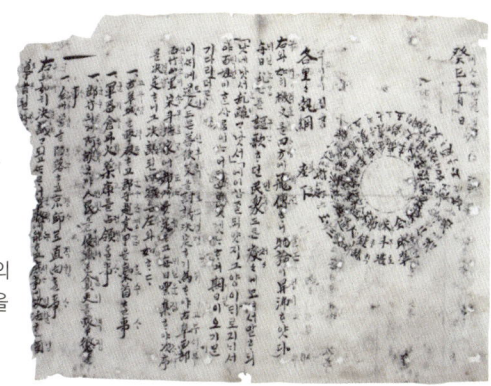

사발통문 주모자가 드러나지 않도록 참가자의 명단을 빙 둘러 가며 적은 통문이야. 전봉준을 비롯한 동학 간부 20여 명이 고부에서 농민 봉기를 계획한 내용이 적혀 있어.

놀란 조선 정부는 청에게 군사 지원을 요청했어. 청의 군대가 조선에 들어오자 일본도 조선에 군대를 보냈어. 갑신정변 직후에 청과 일본이 맺은 톈진 조약에 '양국 군대가 조선에서 동시에 철수하되, 다시 파병할 필요가 있을 때는 사전에 상대편 국가에 통보한다.'라는 내용이 있었는데 일본이 이를 내세워 군대를 파병한 거야. 청과 일본이 조선에서 충돌할 것을 염려한 조선 정부와 동학 농민군은 개혁안에 합의하고 전주에서 **전주 화약**을 맺었어. 이후 동학 농민군은 전라도 곳곳에 집강소를 설치하고 개혁안을 실천해 나갔지.

동학 농민군의 개혁안(일부)

- 탐관오리는 그 죄를 조사해 벌한다.
- 노비 문서를 소각한다.
- 천인의 차별을 개선한다.
- 젊어서 과부가 된 여성의 재가를 허용한다.
- 일본에 협력하는 사람을 엄하게 벌한다.
- 토지는 균등히 나누어 경작하게 한다.

정부는 청과 일본에 철수를 요구했어. 그러나 일본은 이 기회에 아예 청을 몰아내고 조선을 차지하려고 경복궁을 점령한 뒤 내정을 간섭하고 조선 땅에서 **청·일 전쟁**을 일으켰어.

그러자 전봉준은 일본을 몰아내기 위해 농민군을 모아 다시 봉기했어. 동학 농민군은 근대식 무기로 무장한 일본군에 맞서 싸웠지만 공주 **우금치 전투**에서 패하고 말았단다. 전봉준을 비롯한 지도자들이 체포되어 처형되면서 새로운 사회를 건설하려던 농민들의 꿈도 사라지고 말았어. 비록 실패했지만 동학 농민 운동은 부패한 정치를 개혁하려는 반(反)봉건 운동이었고 일본의 침략을 물리쳐 나라를 지키고자 한 반침략적 성격도 가지고 있었단다.

잡혀가는 전봉준 체포된 후 재판을 받기 위해 이송되는 모습이야.

무기, 병력 모든 것에서 불리한 싸움이었던 우금치 전투를 앞둔 동학 농민군의 마음은 어떠했을까? 당연히 두려웠겠지? 그럼에도 불구하고 동학 농민군은 신분 차별이 없는 세상을 꿈꾸며 맞서 싸웠던 거야. 지금 우리가 당연하게 누리는 것들이 누군가의 희생과 용기 덕분이라는 것을 한번쯤 생각해 보면 좋겠어.

큰★별쌤 한판 정리

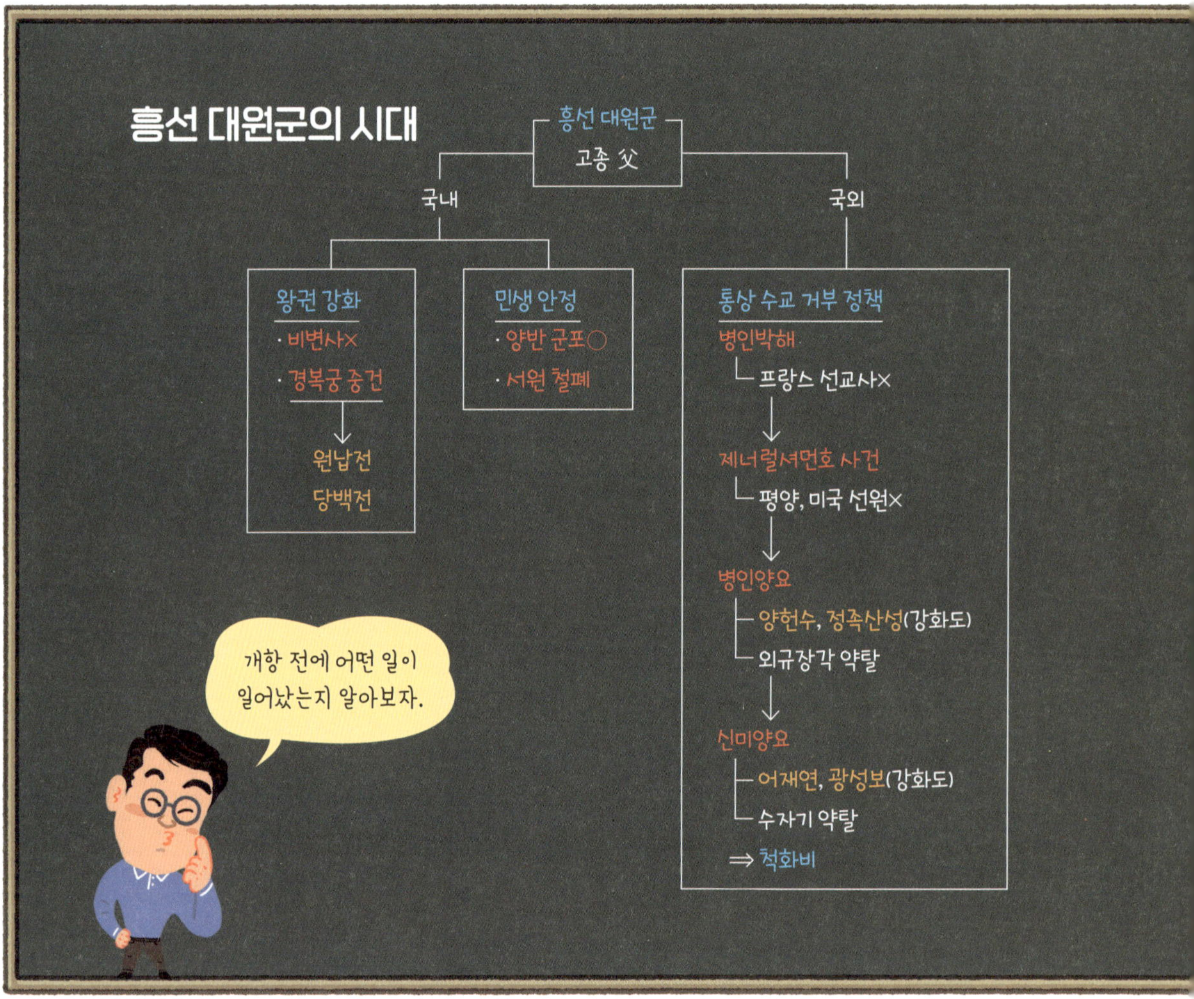

흥선 대원군의 시대

흥선 대원군
고종 父

국내

- 왕권 강화
  - 비변사 X
  - 경복궁 중건
  → 원납전
     당백전

- 민생 안정
  - 양반 군포 ○
  - 서원 철폐

국외

- 통상 수교 거부 정책
  - 병인박해
    └ 프랑스 선교사 X
    ↓
  - 제너럴셔먼호 사건
    └ 평양, 미국 선원 X
    ↓
  - 병인양요
    ├ 양헌수, 정족산성(강화도)
    └ 외규장각 약탈
    ↓
  - 신미양요
    ├ 어재연, 광성보(강화도)
    └ 수자기 약탈
    ⇒ 척화비

개항 전에 어떤 일이 일어났는지 알아보자.

흥선 대원군의 개혁 정책 고종의 아버지인 흥선 대원군은 왕권을 강화하기 위해 비변사를 폐지하고 경복궁을 중건했어. 또 호포제를 실시하고 서원을 철폐해 민생을 안정시켰어.

통상 수교 거부 정책 프랑스는 병인박해를 구실로 병인양요를, 미국은 제너럴셔먼호 사건을 빌미로 신미양요를 일으켰어. 흥선 대원군은 병인양요, 신미양요 이후 통상 수교 거부 의지를 널리 알리기 위해 전국에 척화비를 세웠어.

개항

- **강화도 조약**(일본) → 운요호 사건
  - 최초 근대적 조약, 불평등 조약
    - 해안 측량권, 치외 법권
- **해외 시찰단 파견**
  - 수신사(일)
  - 영선사(청) : 무기 제조
  - 보빙사(미) : 미국 수교 이후(1883)
    - 유길준 《서유견문》
- **임오군란**(1882)
  - 구식 군인 차별(5군영 → 2영, 급료 지급×)
  - 별기군 (신식 군대) 대우↑
  - 청 진압 → 청 내정 간섭↑
- **갑신정변**(1884)
  - 급진 개화파 : 김옥균, 박영효, 홍영식, 서광범, 서재필
  - 우정국 개국 축하연
  - 개혁 정강 발표
    - 신분제×, 재정 일원화(호조)
  - 청 진압 → 3일 천하, 텐진 조약(철수)
- **동학 농민 운동**(1894)
  - 고부 봉기(조병갑, 만석보 ← 전봉준)
  - ↓
  - 백산 봉기(이용태)
  - ↓
  - 황토현·황룡촌 전투○
  - ↓
  - 전주 화약 : 폐정 개혁(집강소)
    - 신분제×
  - 경복궁 점령, 청·일 전쟁 →
  - 우금치 전투

강화도 조약 일본과 최초의 근대적 조약이자 불평등 조약인 강화도 조약을 체결했어.
해외 시찰단 파견 수신사, 영선사, 보빙사를 파견하여 선진 문물을 배우도록 했어.
임오군란 정부의 개화 정책과 구식 군인에 대한 차별에 분노하여 임오군란이 일어났어.
갑신정변 김옥균 등 급진 개화파는 1884년에 신분제 폐지 등을 주장하며 갑신정변을 일으켰어.
동학 농민 운동 조병갑의 횡포에 맞서 봉기한 농민군은 정부와 전주 화약을 체결하고 해산했지.
청·일 전쟁을 일으킨 일본군에 대항하여 다시 봉기했지만 결국 우금치 전투에서 패했어.

큰★별쌤 별별 퀴즈

1. ★ 안에 들어갈 알맞은 말을 써 볼까요?

- 흥선 대원군은 왕실의 위엄을 세우기 위해 ★★★ 을 다시 지었다.

- 병인박해를 빌미로 프랑스 군대가 강화도를 침략하여 ★★★★ 가 일어났다.

- 신식 군대에 비해 차별 대우를 받던 구식 군인들이 봉기하여 ★★★★ 이 일어났다.

2. 큰★별쌤이 설명하고 있는 것은 무엇일까요?

흥선 대원군이 프랑스와 미국의 침략을 물리치고 통상 수교 거부 의지를 밝히기 위해 전국 각지에 세운 비석이야.

① 순수비　　② 탕평비　　③ 척화비　　④ 장생표

3. 다음 문장이 맞으면 ○, 틀리면 ╳에 동그라미를 그려 볼까요?

- 흥선 대원군은 유교 윤리 보급을 위해 서원 설립을 장려하였다.

- 제너럴셔먼호 사건이 원인이 되어 미국이 강화도를 침략하였다.

- 조선 정부는 수신사, 영선사, 보빙사 등의 해외 시찰단을 보내 근대 문물을 배우고자 하였다.

- 김옥균, 박영효 등 급진 개화파가 갑신정변을 일으켰다. ○ ╳

4. 개항에 대한 최익현과 박규수의 주장을 찾아 선으로 연결해 볼까요?

내가 최익현이라오.

난 박규수요.

나라의 발전을 위해 서구의 문물을 받아들여야 하오.

일본이나 서양이나 모두 한통속이오. 절대로 나라의 문을 열어서는 안 되오.

큰★별쌤 별별 특강

박규수 사랑방에 모인 개화파

박규수는 《열하일기》로 유명한 실학자 박지원의 손자야. 박규수는 집안의 영향으로 실학 사상을 계승하였고 사신으로 청을 오가며 개항과 개화의 필요성을 느꼈어. 박규수는 흥선 대원군의 통상 수교 거부 정책에 반대하며 개항을 주장했지만, 뜻을 이루지 못하자 벼슬에서 물러나 자신의 거처인 한양 북촌에서 젊은 양반 자제들에게 나라 밖의 정세와 개화 사상을 가르쳤어. 그렇게 박규수의 사랑방을 찾았던 유길준, 김옥균, 서재필 등은 새로운 세상을 꿈꾸며 갑신정변을 주도하게 되었지.

개항과 개화가 꼭 필요하네.

그 당시 미국에서 공부하는 건 흔치 않은 일이지.

유길준은 북촌에 거주하는 외할아버지의 소개로 박규수를 만났어. 박규수를 통해 개화 사상을 접하게 되고 세계의 변화에 관심을 갖게 되었지. 강화도 조약이 체결된 이후 수신사 일행으로 일본에 가게 되어 일본에 1년 정도 머물며 공부했어. 이후 보빙사의 일원으로 미국을 가게 되어 우리나라 최초의 국비 유학생이 되었지. 이후 유럽, 동남아시아, 일본을 둘러보며 보고 느낀 점을 담은 《서유견문》을 집필했어. 《서유견문》에 담긴 유길준의 개화론은 갑오개혁에 영향을 주었어.

김옥균은 세도가 안동 김씨 가문에서 태어나 북촌에 살던 숙부의 양자가 되면서 박규수의 사랑방에 드나들게 되었어. 22세에 과거에 합격해 정부의 관리로 일하던 김옥균은 근대화된 새로운 조선을 꿈꾸며 유길준, 김홍집, 박영효 등과 함께 개화파 세력을 키우기 위해 노력했어. 하지만 임오군란으로 청의 내정 간섭이 심해지자 김옥균은 일본의 협조를 약속받고 급진적 개혁을 계획하며 갑신정변을 일으켰어. 하지만 김옥균과 개화파가 일으킨 갑신정변은 일반 백성들의 지지를 얻지 못하면서 3일 만에 실패하고 말았어. 정변의 실패로 새로운 세상을 꿈꾸던 김옥균은 일본으로 망명하였고, 이후 중국에서 조선 자객의 공격으로 쓸쓸히 세상을 떠나고 말았지.

서재필 역시 박규수의 사랑방에서 개화 사상을 접했어. 갑신정변이 실패하자 일본을 거쳐 미국으로 망명해 학교를 다니면서 미국 국적을 얻었어. 이후 갑오개혁으로 개화파 인사들의 명예가 회복된 뒤에야 고국으로 돌아올 수 있었지. 서재필은 무엇보다 국민을 계몽시키는 것이 중요하다고 생각했어. 그래서 우리나라 최초의 한글 신문인 《독립신문》을 발행하고 우리나라의 자주독립을 위해 독립 협회를 세웠지. 서재필은 논설이나 강연 등을 통해 일반 백성들에게 독립 사상과 세계 정서 등을 가르치고자 노력했어. 하지만 독립 협회가 강제로 해산되면서 서재필은 미국으로 추방되었어.

도전! 한국사능력검정시험

★ 초급 43회 27번
1. 다음 가상 대화에서 말하고 있는 사건으로 옳은 것은?

① 갑신정변
② 을미사변
③ 정미의병
④ 아관파천

★ 초급 46회 27번
2. 선생님의 질문에 대한 학생의 대답으로 옳은 것은?

★★★ 기본 47회 31번
3. (가)에 대한 설명으로 옳은 것은?

○○신문

제△△호　　　　　　　　　2019년 ○○월 ○○일

(가) 의 국가 기념일, 5월 11일로 지정되다

정부는 농민군이 황토현에서 관군을 물리친 5월 11일(음력 4월 7일)을 국가 기념일로 지정하였다. (가) 은/는 1894년 제폭구민과 보국안민을 기치로 부패한 정치를 개혁하고 외세에 맞서 싸우기 위해 봉기한 사건이다.

황토현 전적비

① 별기군을 창설하는 계기가 되었다.
② 대구에서 시작하여 전국으로 확산되었다.
③ 조선 총독부의 탄압과 방해로 실패하였다.
④ 집강소를 중심으로 폐정 개혁안을 실천하였다.

★★★ 기본 48회 33번
4. 다음 대화가 이루어진 시기에 볼 수 있는 모습으로 적절한 것은?

(왼쪽) 이것이 당백전일세. 우리가 원래 사용하던 엽전 한 닢의 백 배에 해당한다는데, 실제 가치는 훨씬 못 미치네.

(오른쪽) 맞네. 이 당백전의 남발로 물가가 크게 올라 백성들의 형편이 매우 어려워지고 있다네.

① 원에 공녀로 끌려가는 여인
② 원산 총파업에 참여하는 노동자
③ 독립운동가를 감시하는 헌병 경찰
④ 경복궁 중건 공사에 동원되는 농민

2 근대 개혁의 추진과 대한 제국의 수립

    1876년 강화도 조약으로 나라의 문을 연 이후 우리나라는 민주주의, 자본주의, 평등 사회와 같은 근대적 가치를 점차 받아들이게 된단다. 그리고 갑오개혁으로 이러한 가치들이 구체적으로 실현되었지.

    지금 우리는 양반, 천민 구분 없이 평등한 사회에 살고 있지? 하지만 불과 100여 년 전만 해도 신분이 명확하게 나뉘었지. 그런데 갑오개혁으로 몇천 년 동안 이어져 온 신분제가 법적으로 폐지되었어. 이건 정말 대단한 사건이었지.

    열강의 국권 침탈이 점점 더 심해지는 상황 속에서 근대 국가 수립을 위해 어떠한 노력이 이어졌는지 알아보자.

- 1894년 갑오개혁 실시
- 1895년 을미사변
- 1896년 아관 파천, 최초의 전화 설치
- 1897년 대한 제국 선포
- 1899년 경인선 개통

갑오개혁 ★ 신분제가 폐지되다

동학 농민군과 정부가 전주 화약을 체결하고 개혁을 추진하려고 했으나, 조선 정부의 철수 요청에도 불구하고 일본은 경복궁을 점령하고 청·일 전쟁을 일으켰어. 청·일 전쟁을 일으키기 전 일본은 김홍집, 어윤중 등을 앞세워 새로운 정부를 구성하였지. 이렇게 구성된 정부는 1894년에 **군국기무처**를 설치하고 근대적 개혁을 추진하였는데, 그게 바로 **갑오개혁**이야.

갑오개혁의 실시로 고려 광종 때 처음으로 실시된 과거 제도가 폐지됐어. 과거 시험은 대개 지배층의 자제들을 위한 것이었지. 과거 제도를 폐지하면서 신분에 상관없이 인재를 등용할 수 있도록 한 거야. 또 돈으로 세금을 납부하게 하고, 세금이 새어 나가지 않도록 국가 재정을 한곳에서 관리하도록 했어. 신분제를 법적으로 폐지하고 과부의 재혼을 허가했지.

갑오개혁은 일본의 압력으로 시작되긴 했지만, 갑신정변 때 발표한 개혁 정강이나 동학 농민군이 요구했던 개혁 내용이 많이 반영되었어.

드디어 신분제가 없어졌네!

자신이 옳다고 생각하는 일이 당장 실현되지 않더라도 실망하지 말자. 많은 사람에게 도움이 되는 일이라면 언젠가 꼭 이루어질 거야. 갑신정변과 동학 농민 운동에서 주장한 신분제 폐지도 결국 갑오개혁 때 이루어졌다는 걸 잊지 말자.

을미사변과 을미개혁
★ 명성 황후를 시해하고, 단발령을 시행하다

청·일 전쟁에서 승리를 거두면서 조선에 대한 일본의 영향력은 더욱 커졌단다. 이에 조선은 강대국 러시아의 힘을 빌려 일본을 견제하려고 했어. 이러한 움직임에 당황한 일본은 명성 황후를 시해하는 만행을 저질렀단다. 명성 황후를 없애야 자신들이 원하는 대로 조선을 주무를 수 있다고 생각한 거지.

명성 황후 시해 사건은 1895년 을미년에 일어났기 때문에 **을미사변**이라고 해. 일본은 자신들의 목적을 이루기 위해 칼을 들고 다른 나라 궁궐을 침입해 왕비를 살해하는 야만스러운 짓을 저지른 거야.

명성 황후의 장례 행렬 명성 황후가 죽은 지 2년이나 지난 다음에야 명성 황후의 장례식이 치러졌어. 일본은 을미사변에 관계된 47명을 전부 일본으로 불러들여 재판을 열었지만, 모두 증거 불충분으로 석방시켰지. 남의 나라 왕비를 죽였다는 비난을 피하기 위해 형식상 재판을 열었던 거야.

일본은 명성 황후를 시해한 뒤 **을미개혁**을 추진했어. 을미개혁으로 지금과 같은 태양력이 사용되었고 단발령이 내려졌어. 상투를 트는 것은 우리나라의 오래된 전통인데 상투를 자르라고 강요한 거지. 그 당시 사람들은 부모님이 물려준 몸은 털끝 하나라도 함부로 건드리면 안 된다고 생각했어. 백성들은 단발령 시행에 크게 반발했고, 심지어 목숨을 끊는 사람도 있었지.

을미사변으로 일본에 대한 반감이 커져 있는 상황에서 단발령까지 시행되자, 양반 유생들은 농민들과 함께 일본 세력을 몰아내기 위해 의병을 일으켰어. 을미년에 일어난 이 항일 의병을 **을미의병**이라고 해.

아관 파천 ★ 고종이 러시아 공사관으로 피신하다

　명성 황후가 시해되자 신변의 위협을 느낀 고종은 점점 더 심해지는 일본의 감시와 위협에서 벗어나려면 러시아의 힘을 빌려야겠다고 생각했어. 그래서 을미의병이 일어나 정국이 어수선해진 틈을 타 러시아 공사관으로 거처를 옮길 계획을 세웠어.

　고종은 우선 자신이 데리고 있던 엄 상궁에게 가마를 준비하게 한 다음, 며칠 동안 가마를 타고 궁궐을 드나들게 했어. 그렇게 일본의 감시가 느슨해진 틈을 타 아들과 함께 엄 상궁의 가마에 올라탔지. 이렇게 해서 고종은 일본의 감시를 피해 러시아 공사관으로 탈출할 수 있었어. 당시 러시아 공사관을 '아관'이라 불렀기 때문에 이 사건을 **아관 파천**이라고 부른단다. 고종은 러시아 공사관에서 친러파 내각을 새로 꾸렸고, 일본의 영향에서 어느 정도 벗어날 수 있었어. 하지만 그 대가로 러시아에게 삼림 벌채권과 광산 채굴권 같은 경제적 이권을 내줘야 했지. 이후 조선은 다른 나라에도 많은 이권을 빼앗겼단다.

구 러시아 공사관 서울 정동 덕수궁 근처에 자리한 옛 러시아 공사관의 모습이야.

아무리 상황이 어렵다고 해도 왕이 다른 나라의 공사관에서 살게 되다니, 정말 답답하고 안타까운 일이야.

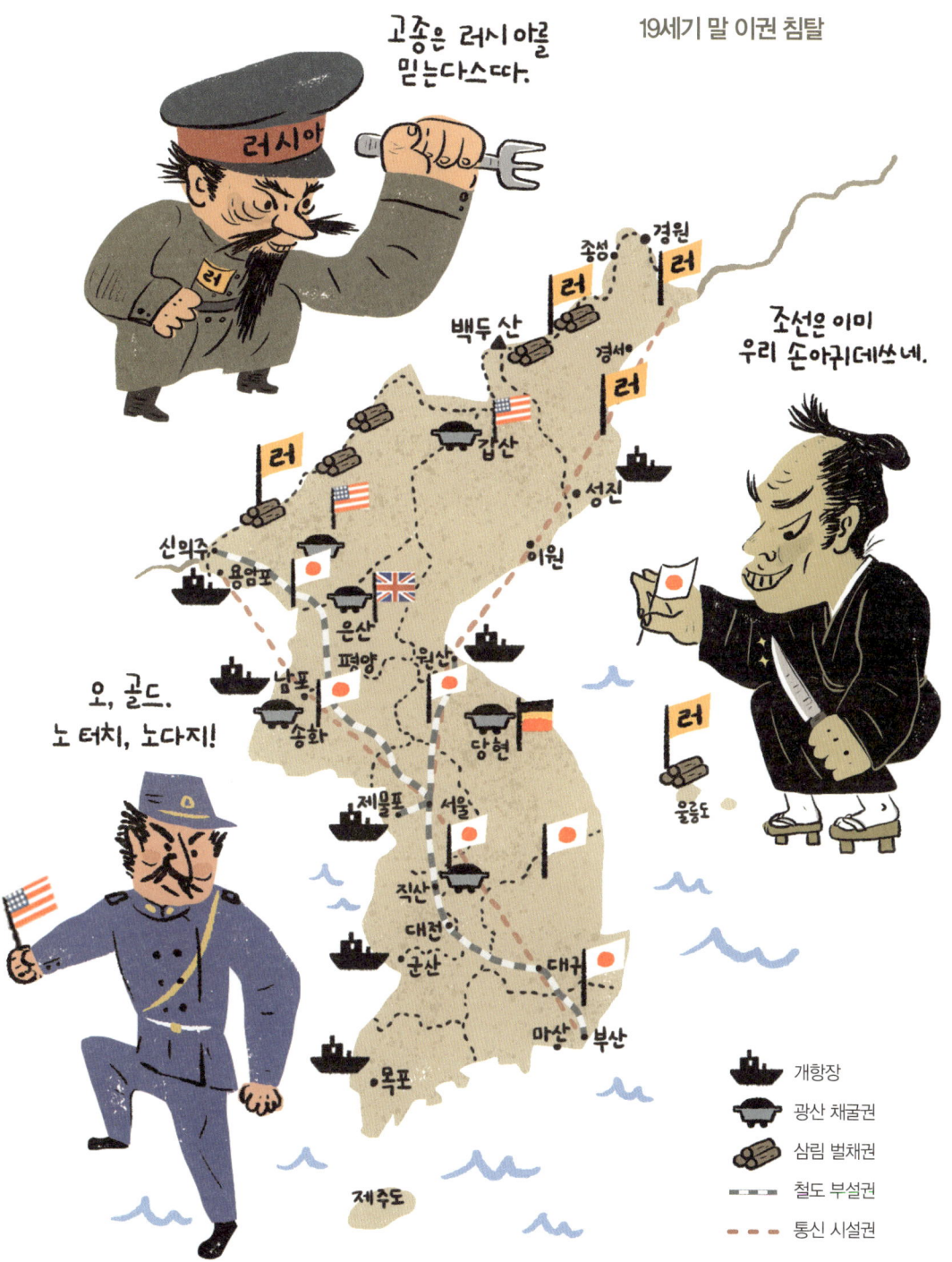

독립 협회 ★만민 공동회를 개최하다

강대국들이 조선의 이권을 빼앗아 가는 상황을 보면서 사람들은 나라가 위험하다고 느꼈지. 역사적으로 우리나라 백성들은 어려울 때 힘을 모아 어려움을 극복하곤 했잖아? 이번에도 백성들은 힘을 하나로 모았는데, 그 중심에는 **독립 협회**가 있었단다.

갑신정변을 이끌었던 개화파 중에 한 명인 서재필은 정변에 실패하고 외국에서 망명 생활을 하다가 돌아온 뒤, 나라의 지원을 받아 《**독립신문**》을 창간했지. 서재필은 나라가 부강해지려면 먼저 백성들을 깨우쳐야 한다고 생각했어. 그래서 많은 사람들이 읽을 수 있도록 한글로 된 《독립신문》을 펴낸 거야.

또 서재필은 개화파 동료들과 함께 독립 협회라는 단체를 만들었어. 독립 협회는 자주 독립을 상징하는 **독립문**을 세웠어. 원래 중국 사신을 맞이하는 영은문이 있던 자리였지. '은혜를 맞이하는 문'이라는 뜻의 영은문은 중국에 대한 사대의 상

독립신문 서재필과 윤치호 등이 힘을 모아 창간한 우리나라 최초의 민간 신문이야. 순 한글 신문으로 영자판과 함께 발간했지.

독립문 자주독립 의지를 널리 알리기 위해 백성들의 성금을 모아 세웠어.

서재필 갑신정변 실패 후 미국으로 가 서양의 민주주의를 직접 경험했지. 후에 귀국하여 독립 협회를 조직하고 독립신문을 발간했어.

징이었어. 독립 협회는 영은문을 허물고 백성들의 성금을 모아 독립문을 세우고, 조선이 자주독립 국가라는 것을 세상에 알렸지.

그뿐 아니라 독립 협회는 우리나라 최초의 근대적 민중 대회인 **만민 공동회**를 종로에서 열어 민중을 계몽하고 강대국의 내정 간섭과 이권 침탈을 비판했어. 실제로 러시아가 부산 앞바다의 섬인 절영도를 사용하겠다고 하자 만민 공동회에 모인 사람들이 격렬하게 반대했어. 그러자 러시아는 포기하고 물러날 수밖에 없었지. 여러 사람이 모이자 거대한 힘을 발휘한 거야. 만민 공동회는 누구라도 참여할 수 있었는데, 사람들에게 멸시받던 백정 출신 박성춘도 정부 관리들 앞에서 자기 주장을 펼쳤지. 신분제 사회였다면 상상도 못할 일이었어. 백성들은 점차 자신들도 나랏일에 대해 알고 참여할 권리가 있다는 것을 깨닫기 시작했어.

대한 제국 ★ 황제의 나라를 선포하다

독립 협회는 나라의 자주독립과 민중 계몽에 힘쓰는 한편, 러시아 공사관에 머물고 있는 고종에게 궁궐로 돌아올 것을 요청했어. 결국 고종은 러시아 공사관에서 나와 경운궁(덕수궁)으로 돌아왔지. 이후 고종은 국호를 **대한 제국**으로 바꾸고 연호를 광무로 정했어. 또 환구단에서 황제 즉위식을 거행했어. 대한 제국이 어느 나라에도 간섭받지 않는 **자주독립 국가**임을 전 세계에 알린 거야.

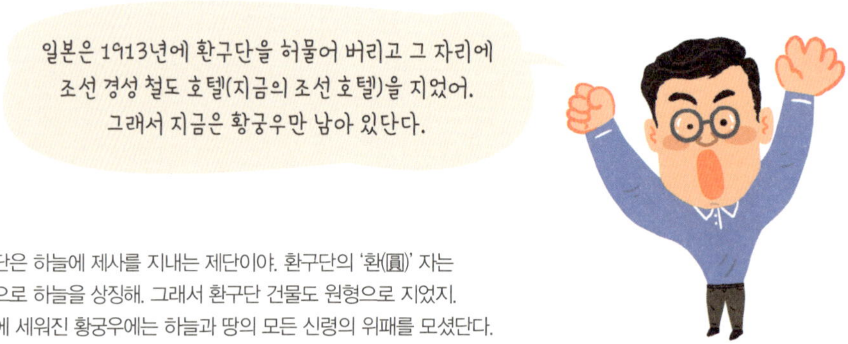

일본은 1913년에 환구단을 허물어 버리고 그 자리에 조선 경성 철도 호텔(지금의 조선 호텔)을 지었어. 그래서 지금은 황궁우만 남아 있단다.

환구단 환구단은 하늘에 제사를 지내는 제단이야. 환구단의 '환(圓)' 자는 둥글다는 뜻으로 하늘을 상징해. 그래서 환구단 건물도 원형으로 지었지. 환구단 북쪽에 세워진 황궁우에는 하늘과 땅의 모든 신령의 위패를 모셨단다.

황궁우   환구단

고종은 옛것을 근본으로 하고 새로운 것을 받아들인다는 원칙으로 **광무개혁**을 실시했어. 군사력을 강화하기 위해 군대 병력을 늘리고, 상공업을 일으키기 위해 섬유, 운수, 금융 등 근대적 회사들을 설립했어. 또 근대 산업 기술을 배우기 위해 외국에 유학생을 파견하거나 기술 학교를 세웠지. 전기, 통신, 교통, 의료 등 각 분야에서 근대 시설도 마련하고 근대적 토지 소유 문서인 지계도 발급했어. 고종이 추진한 여러 가지 개혁 활동은 어느 정도 성과를 거두긴 했지만 정치적 혼란과 열강의 간섭, 러·일 전쟁의 발발 등으로 지속적인 성과를 거두는 데에는 한계가 있었단다.

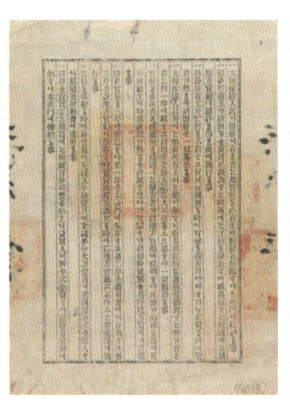 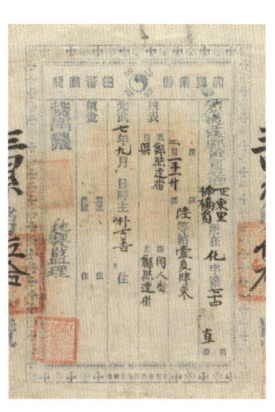

지계 토지 소유권을 증명하는 문서야. 대한 제국은 지계를 발급하여 조세 수입을 늘리고자 했어.

고종 황제 고종은 황제로 즉위한 뒤 군사권, 외교권, 사법권 등 모든 권한을 황제가 갖도록 했어.

근대 문물의 수용 ★ 근대 문물이 들어와 생활을 바꾸다

전화기

우리나라에 전화가 소개된 건 1882년이었지만 1896년에 이르러서야 경운궁에 전화기가 설치되었지. 고종이 신하들에게 명령을 내릴 때 전화기를 사용했어. 고종이 전화를 걸면 신하들은 마치 임금을 마주 대하듯 관복을 갖춰 입고 큰절을 올린 뒤 무릎을 꿇고 받았다고 해.

전화 교환수가 생기다

전화기가 처음 사용되었을 때는 전화를 건 사람과 받는 사람을 연결해 주는 교환수가 있었어. 교환수가 통화 내용을 들을 수도 있었는데, 간혹 말다툼을 하거나 욕설을 내뱉으면 교환수가 통화를 중단시켰다고 해.

전깃불

경복궁에 전깃불이 들어오다

1887년 우리나라에도 전깃불이 들어왔어. 우리나라에서 처음으로 전등이 켜진 곳은 경복궁이야. 보빙사로 미국에 다녀온 사신들이 고종에게 한밤중에도 주변을 환하게 밝힐 수 있는 전등에 대해 보고했어. 이를 들은 고종은 미국의 에디슨 전기 회사에서 전기 설비를 수입해 경복궁에 전등을 설치했지.

건청궁에 전기가 들어오던 날(상상화) 경복궁의 북쪽 후원 안에 있는 건청궁에 설치한 전등은 자주 켜졌다 꺼졌다 해서 '건달불'이라고 불렸어. 연못의 물을 끌어올려 발전기를 돌렸기 때문에 '물불'이라고 부르기도 했지.

전차

전차는 전기의 힘으로 궤도 위를 달리는 차란다. 지금은 볼 수 없지만 1960년대 말까지만 해도 서울 사람들에게 중요한 교통수단이었지. 전차는 1899년에 처음 개통되었는데, 서대문에서 청량리까지 운행되었어. 우리나라 최초의 대중교통이었지.

최초로 교통사고가 나다

전차가 개통되고 1주일 만에 탑골 공원 앞에서 5세 어린아이가 전차에 치여 숨지는 사고가 일어났어. 가뜩이나 큰 소리를 내며 지나가는 전차가 무서웠는데, 끔찍한 교통사고까지 나자 전차에 불을 지르는 사람도 있었다고 해.

상등 칸에는 양반만 타다

전차는 한 칸에 40명 정도 탈 수 있었어. 신분제는 폐지되었지만 양반이 타는 상등 칸과 백성이 타는 하등 칸으로 나뉘어 있었지. 처음에는 전차를 탈 때 신발을 벗는 사람도 있었다고 해. 차비가 비싸서 전차를 타는 대신 걸어 다니는 사람이 많았는데, 점차 이용자가 늘어나면서 중요한 교통수단이 되었지.

전차표 일제 강점기에 경성전기주식회사에서 발행한 서울 전차표야.

전차가 정말 신기하게 생겼네.

철도

우리나라에 놓인 최초의 철도는 1899년 개통된 서울과 인천을 잇는 경인선이었어. 당시 기차를 '화륜거'라고 불렀는데, 불을 내뿜는 수레라는 뜻이었어.

> 화륜거 구르는 소리가 우레와 같아 천지가 진동하는 듯하고……
> 수레 안에 앉아 내다보니 산천초목이 모두
> 움직이는 듯하고 나는 새도 미처 따르지 못하더라.
> 　　　　　　　　　　－《독립신문》, 1899년 9월 19일 자

우리나라 최초 모갈탱크형 증기 기관차

철도가 침략의 도구가 되다

일본은 경인선을 시작으로 경부선, 경의선을 차례로 개통했어. 일본이 철도 건설에 열을 올린 건 조선을 침략하기 위해서였어. 조선의 식량을 일본으로 실어 나르거나 전쟁에 필요한 물자나 군인들을 이동시키기 위해 철도가 필요했던 거야.

근대적 시간관념이 생기다

철도가 개통되면서 근대적 시간관념이 생기기 시작했어. 농경 사회에서는 1년이라는 주기에 맞춰 농사를 짓고, 해가 뜨고 지는 것에 맞춰 생활했기 때문에 1분 1초는 중요하지 않았어. 그런데 정해진 시간이 되면 정확하게 출발하는 기차가 일상생활의 일부분이 되면서 사람들은 시계를 사용했고, 근대적 시간관념도 생겼지.

경성역 1925년에 지어진 경성역이야. 일제 강점기 식민지 수탈의 상징이었지. 광복 이후 서울역으로 이름을 바꾸었어.

서양 건축물

고딕 건축으로 성당을 짓다

우리나라 최초의 고딕 양식 건축물은 명동 성당이야. 1892년부터 짓기 시작했는데 설계와 공사 감독을 코스트라는 프랑스 신부가 담당했지. 당시 우리나라에는 서양 건축물 기술자가 없어서 벽돌공, 미장이, 목수 등을 중국에서 데려왔어. 재정난과 청·일 전쟁으로 공사가 중단되기도 했지. 1898년에 성당이 완공되자, 많은 사람들이 명동 성당을 '뾰죽집'이라고 부르며 구경하러 왔다고 해.

명동 성당

서양식 궁전을 짓다

석조전은 덕수궁 안에 있는 서양식 건물로, 대한 제국 수립 이후 대한 제국 황제의 정전으로 지어졌어. 3층 건물로 반지하층은 일하는 사람들이 머무는 공간, 1층은 고종 황제가 손님을 만나는 공간, 2층은 고종 황제가 생활하는 공간으로 만들어졌지.

오얏꽃 문양

덕수궁의 석조전과 오얏꽃 문양 고종은 서양식 건물인 석조전을 짓고 서양식 근대화를 이루고자 했어. 오얏은 자두의 순우리말이야. 조선을 세운 이성계가 전주 이씨인데, 이때 이(李)가 '오얏 이'라서 오얏꽃이 조선 왕실을 상징하게 됐어. 이화문이라고도 부르는 오얏꽃 문양을 대한 제국 황실의 문장으로 사용했어.

근대 병원과 학교

최초의 근대 병원이 생기다

우리나라 최초의 서양식 병원은 광혜원이야. 갑신정변 때 중상을 입은 명성 황후의 조카 민영익을 치료해 주고 고종의 신임을 얻은 미국인 선교사이자 의사인 알렌이 고종에게 서양식 병원을 건립해 달라고 건의했지. 1885년에 설립된 광혜원은 이후 제중원으로 이름을 바꿨어.

광혜원(왼쪽)과 호러스 알렌 부부(오른쪽) 고종은 알렌의 건의를 받아들여 한국 최초의 서양식 병원인 광혜원을 설립했어.

근대 교육이 시작되다

최초의 근대 학교가 설립된 곳은 함경도 원산이야. 원산은 강화도 조약 때 개항한 곳이야. 그래서 원산 지역 사람들은 근대 문물을 빠르게 접했고, 외세에 대응할 인재가 필요하다는 걸 빨리 깨달았지. 그래서 근대 학교를 세우기 위해 노력했어. 원산 학사에서는 근대 학문과 함께 무예도 가르쳤어.

원산 주민들이 자발적으로 설립 기금을 모아서 원산 학사를 세웠다는 게 중요해.

원산 학사 우리나라 최초의 근대식 사립 학교야.

최초로 나라에서 근대 학교를 세우다

나라에서 세운 최초의 근대 학교는 육영 공원이야. 주로 고위층의 자제들이 육영 공원에 입학했지. 헐버트 같은 외국인 교사를 초빙해 영어, 수학, 지리학, 정치학 등을 가르쳤어. 그런데 고위층 자제들 중 시험 점수가 형편없는 학생들이 망신당하기 싫어서 등교나 입학을 거부하는 일이 생겼어. 결국 얼마 지나지 않아 육영 공원은 문을 닫았지.

외국인 교사와 한복 입은 학생이라니, 뭔가 어색한걸.

육영 공원 수업 장면 상투를 튼 조선인 학생들이 외국인 교사에게 신식 교육을 받고 있는 모습이야.

여성들을 위한 학교가 설립되다

미국인 선교사 스크랜턴은 여성들을 위한 교육 기관인 이화 학당을 세웠어. 이전까지 여성들이 공부할 수 있는 공식 교육 기관은 없었어. 이화 학당 초기에는 학생들이 많지 않았지. 점차 학생들이 모집되긴 했지만, 체조 수업 때문에 문제가 생기기도 했어. 당시에는 여성이 손을 번쩍 들고 뜀뛰기 하는 걸 이해할 수 없었거든. 여러 우여곡절이 있었지만 점차 여성들도 교육 기관에서 공부할 수 있게 되었어.

이화 학당 우리나라 최초의 근대적 여성 교육 기관이야.

이화 학당 수업 여학생들이 이화 학당에서 수학을 공부하고 있는 모습이야.

서양식 의복

서양식 옷을 입기 시작하다

우리나라 최초로 양복을 입은 사람은 서광범이야. 1882년 일본에 수신사로 갔을 때 구입하여 입었지. 이후 왕실과 개화파 사람들을 중심으로 서양식 의복을 입기 시작했어. 한복도 활동하기 편하게 실용적으로 개량했지. 반발이 심했던 단발도 점차 자연스럽게 받아들였단다.

이전에는 여성들이 외출할 때 장옷으로 얼굴을 가렸는데, 개화기에는 장옷 대신 양산을 쓰고 다녔어. 개화기 거리에는 한복을 입은 사람과 서양식 옷을 입은 사람들이 뒤섞여 있었지.

서양식 음식 문화

우리나라 고유의 상차림은 한 사람이 먹을 음식을 한 상에 차리는 독상이 원칙이었어. 그런데 서양 문화가 들어오면서 여러 사람이 한 상에서 식사하는 겸상 문화가 자리 잡게 되었지.

가비차를 즐기다

서양 선교사와 외교관을 통해 우리나라에 커피가 전해졌지. 고종은 러시아 공사관에 머물면서 처음으로 커피를 마셨는데, 덕수궁으로 돌아온 뒤에도 커피를 즐겼다고 해. 고종은 덕수궁에 서양식 건물인 정관헌을 짓고 그곳에서 음악을 들으며 커피를 마셨지.

커피가 처음 들어왔을 때 사람들은 커피를 한자식으로 '가비차' 또는 '가배차'라고 불렀어. 색

정관헌 고종이 외교 사절단을 맞이하거나 다과를 들며 휴식을 취하던 곳이야.

고종이 하사한 은제 커피잔
고종이 명성 황후 주치의였던 벙커 부부에게 하사한 커피잔이야.

깔이 검고 쓴맛이 나는 커피가 탕약 같다며 '양탕국'이라고 부르기도 했지. 쓴맛 때문에 커피가 인삼보다 몸에 좋다는 소문이 나기도 했대.

호떡과 짜장면이 유행하다

임오군란 이후 청 상인들이 조선에 들어와 장사하기 시작했어. 청 상인들이 호떡을 만들어 팔기 시작하면서 우리나라에서 유행하게 되었지.

짜장면은 인천항 부두에서 일하던 중국인 노동자들로부터 전해졌어. 중국인 노동자들이 간단하게 끼니를 해결하는 음식이었는데, 이후 중국 된장에 달콤한 캐러멜이 첨가되어 한국인의 입맛에 맞게 바뀌었고 폭발적인 인기를 얻었어.

공화춘 1905년에 문을 연 인천 차이나타운의 공화춘에서 우리나라 최초로 짜장면을 팔았다고 알려져 있어.

큰★별쌤 한판 정리

개항

```
갑오개혁(1894) ── 군국기무처 주도
      │          신분제✕, 과거제✕, 재정 일원화, 과부 재혼○
      ▼
을미사변(1895) ── 명성 황후 시해 ┐
      │                        ├─ 을미의병
      ▼                        │
을미개혁(1895) ── 단발령 ───────┘
      ▼
아관 파천(1896) ── 경복궁 → 러시아 공사관
      ▼
독립 협회(1896) ── 서재필《독립신문》, 독립문
      │           만민 공동회
      ▼
대한 제국(1897) ── 러시아 공사관 → 경운궁(덕수궁)
                   황제 즉위(환구단)
                   상공업 진흥 & 근대 시설(전화, 전차, 기차)
```

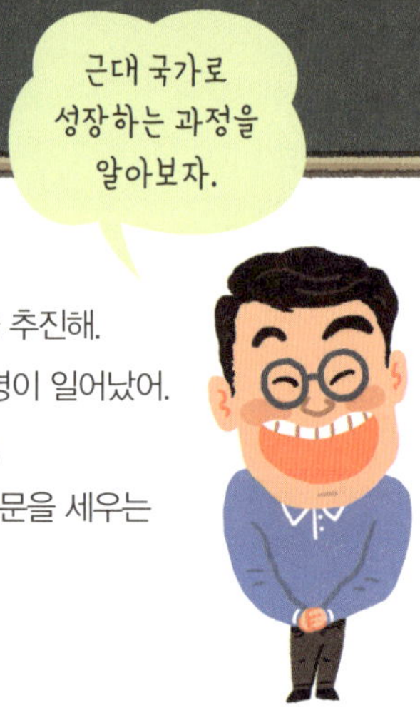

근대 국가로 성장하는 과정을 알아보자.

갑오개혁 군국기무처를 설치하고 신분제와 과거제를 없애는 등 갑오개혁을 추진해.
을미의병 을미사변(명성황후 시해)과 을미개혁(단발령)에 반발하여 을미의병이 일어났어.
아관 파천 을미사변 이후 위협을 느낀 고종은 러시아 공사관으로 피신했어.
독립 협회 서재필은 독립신문을 창간하고 독립 협회를 조직했어. 이후 독립문을 세우는 한편 만민 공동회를 개최하였지.
대한 제국 고종은 대한 제국을 선포하고 근대 개혁을 추진하였어.

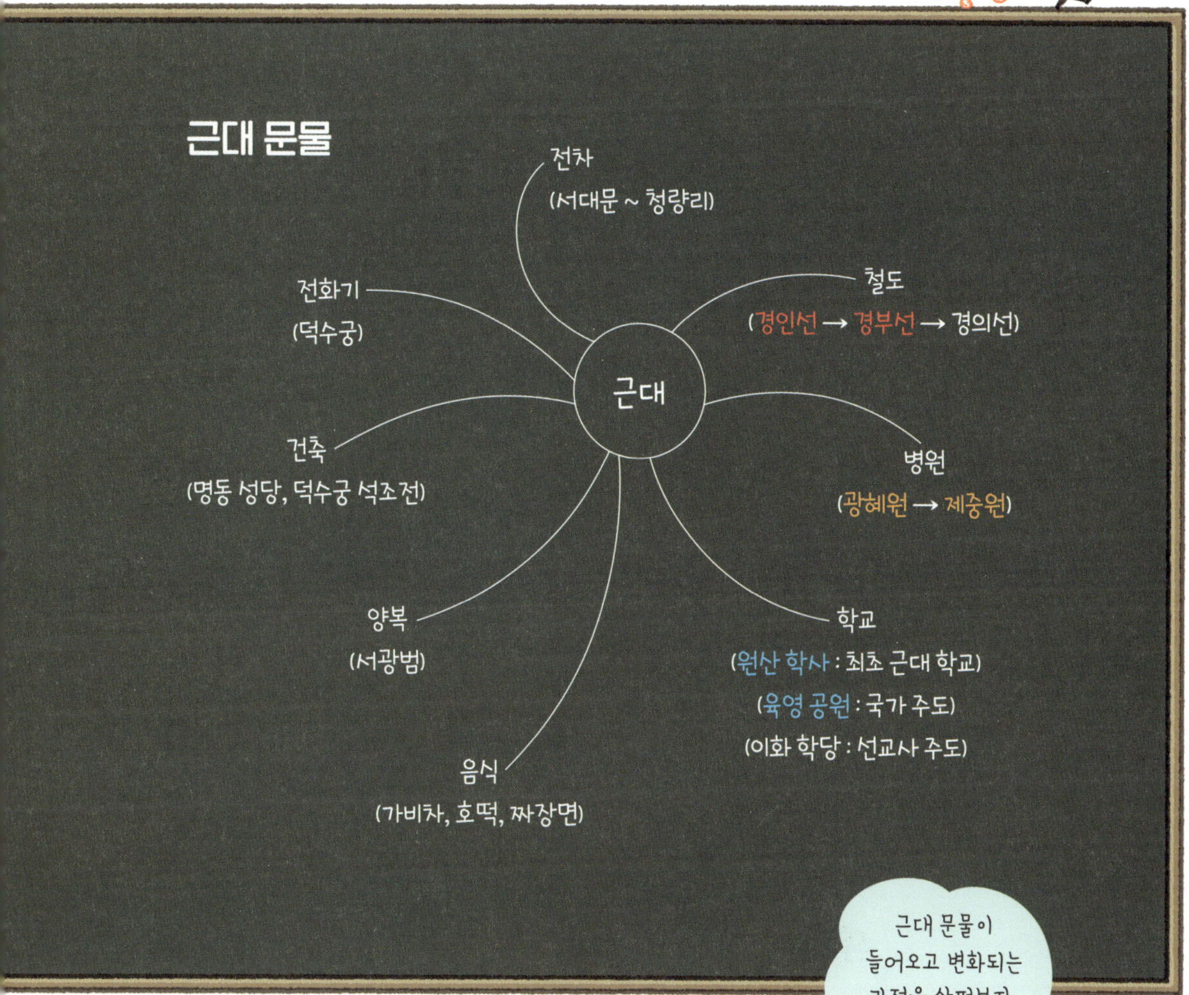

근대 문물

- 전차 (서대문 ~ 청량리)
- 전화기 (덕수궁)
- 철도 (경인선 → 경부선 → 경의선)
- 건축 (명동 성당, 덕수궁 석조전)
- 병원 (광혜원 → 제중원)
- 양복 (서광범)
- 학교
  - (원산 학사: 최초 근대 학교)
  - (육영 공원: 국가 주도)
  - (이화 학당: 선교사 주도)
- 음식 (가비차, 호떡, 짜장면)

근대 문물이 들어오고 변화되는 과정을 살펴보자.

전화기 1896년에 전화기가 경운궁(덕수궁)에 가장 먼저 설치되었어.
전차 1899년에 처음 개통되었는데, 그 당시에는 서대문에서 청량리까지 운행되었어.
철도 우리나라 최초로 설치된 철도는 서울과 인천을 잇는 경인선이었어.
서양 건축물 명동 성당과 덕수궁 석조전 같은 서양 건축물이 들어섰어.
병원 최초의 서양식 병원인 광혜원이 설립되었어.
학교 최초의 근대 학교로 원산 학사가, 국가 주도로 육영 공원이 설립되었어.

큰★별쌤 별별 퀴즈

1. ★ 안에 들어갈 알맞은 말을 써 볼까요?

● 조선은 군국기무처를 설치하고 ★★ 개혁을 추진하였다.

● 1895년 일제가 명성 황후를 시해한 ★★★★ 이 일어났다.

● 고종은 환구단에서 황제 즉위식을 거행하고 ★★ 제국의 수립을 선포하였다.

2. 큰★별쌤이 설명하고 있는 것은 무엇일까요?

갑신정변 이후 미국에 망명했던 서재필이 귀국해서 나라의 지원을 받아 창간한 신문이야.

내가 서재필이라오.

① 대한매일신보   ② 황성신문   ③ 동아일보   ④ 독립신문

3. 다음 문장이 맞으면 ○, 틀리면 ✕에 동그라미를 그려 볼까요?

- 갑오개혁이 추진되면서 신분제가 폐지되었다.

- 명성 황후 시해와 단발령에 반발하여 을미의병이 일어났다.

- 을미사변 이후 고종은 독일 공사관으로 피신하는 아관 파천을 단행하였다.

- 우리나라 최초의 근대식 학교인 원산 학사는 근대 학문뿐만 아니라 무예도 함께 교육하였다.

4. 친구들이 설명하는 근대 문물을 찾아 선으로 연결해 볼까요?

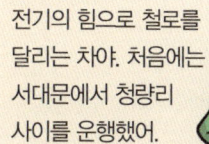

큰★별쌤 별별 특강

한국의 독립을 위해 싸운 헐버트와 베델

한글과 견줄 문자는 세상 어디에도 없다.
- Homer B. Hulbert 1863~1949

1886년, 미국인 호머 헐버트는 조선 정부의 초청으로 23세에 육영 공원에서 학생들에게 영어와 역사를 가르쳤어. 헐버트는 열심히 우리말과 글을 공부했고 한글의 우수성에 감탄했지. 그래서 한국에 온 지 3년 만에 세계 지리서 《사민필지(士民必知)》를 한글로 집필했어. 《사민필지》는 선비와 백성 모두가 반드시 알아야 할 지식이라는 뜻으로 한국 최초의 세계 지리 교과서란다.

1905년 을사늑약이 체결된 이후 헐버트는 을사늑약의 무효를 주장하는 고종의 밀서를 가지고 미국으로 건너가기도 했어. 또 고종에게 만국 평화 회의에 특사를 보낼 것을 건의하고 헤이그 특사보다 먼저 네덜란드에 도착해 을사늑약의 부당함을 외국 기자들에게 알릴 수 있도록 도왔지. 당연히 일제는 헐버트를 눈엣가시처럼 여겼고 결국 일제의 강제 퇴거 명령을 받고 미국으로 돌아갈 수밖에 없었단다. 헐버트는 미국에서도 한국과 관련한 책을 쓰고 한국 독립의 필요성을 주장하는 강연을 했지.

광복 이후 정부의 초청으로 한국 땅을 다시 찾았지만 1주일 만에 세상을 떠나고 말았어. 유언대로 한국 땅에 묻힌 헐버트는 1950년에 외국인 최초로 건국 훈장 독립장을 받았단다.

내가 죽더라도 신문은 살려
한국을 구하게 해야 한다.

- Ernest Bethell 1872~1909

　어니스트 베델은 영국 신문 특파원 자격으로 러·일 전쟁을 취재하기 위해 1904년 한국에 오게 되었어. 일제의 강압에 시달리는 한국의 상황을 목격한 베델은 특파원을 그만두고 한국의 민족주의 운동을 지원하는 신문을 발행했어. 베델이 영문으로 발행한 코리아 데일리 뉴스는 일본의 한국 침략과 그에 맞선 우리 민족의 저항을 국제 사회에 알렸어. 또 양기탁 등과 함께 《대한매일신보》를 창간하여 일제의 침략을 비판하였지. 베델은 《대한매일신보》를 통해 을사늑약의 부당함을 알리는 '시일야방성대곡'과 을사늑약의 무효를 주장하는 고종의 밀서를 게재하고 항일 의병들의 활동을 보도했단다. 또한 일본에 진 나라의 빚을 갚자는 국채 보상 운동이 확산될 수 있도록 지원했어.

　일제는 언론을 철저히 탄압했지만 영국인인 베델이 발행하는 신문은 함부로 건드릴 수 없었어. 일본은 베델을 추방하기 위해 온갖 수단을 동원했어. 결국 베델은 일본인 배척을 선동했다는 혐의로 영국 상하이 고등 법원에서 유죄 판결을 받고 3주 동안 감옥에 갇혀 있어야 했어. 베델은 석방되자마자 서울로 돌아와 항일 언론 활동을 이어 나갔지. 하지만 안타깝게도 베델은 37세의 젊은 나이에 세상을 떠나고 말았단다.

도전! 한국사능력검정시험

★ 초급 42회 31번
1. (가)에 들어갈 근대 시설로 옳은 것은?

① 광혜원
② 전환국
③ 배재 학당
④ 육영 공원

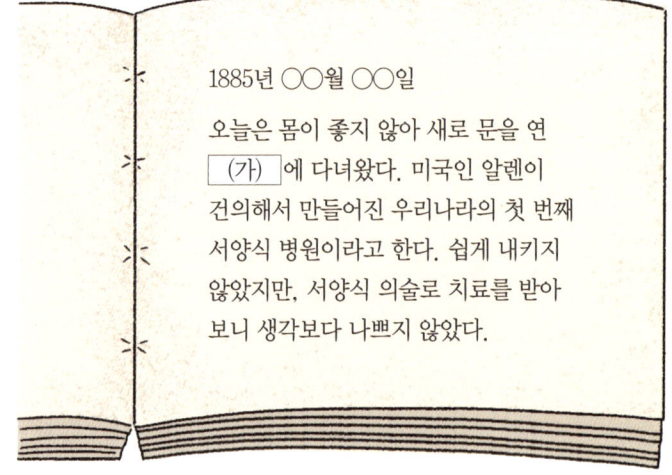

1885년 ○○월 ○○일

오늘은 몸이 좋지 않아 새로 문을 연 (가) 에 다녀왔다. 미국인 알렌이 건의해서 만들어진 우리나라의 첫 번째 서양식 병원이라고 한다. 쉽게 내키지 않았지만, 서양식 의술로 치료를 받아 보니 생각보다 나쁘지 않았다.

★ 초급 44회 30번
2. 다음 대화에서 나타난 사건으로 옳은 것은?

① 갑신정변
② 갑오개혁
③ 아관 파천
④ 을사늑약

어제 대군주 폐하께서 러시아 공사관으로 거처를 옮기셨다는 소식 들었는가?

들었네. 이로 인해 러시아의 간섭이 커질 것 같아 걱정일세.

★★ 중급 40회 38번

3. 밑줄 그은 '이곳'으로 옳은 것은?

① 서전서숙
② 원산 학사
③ 대성 학교
④ 배재 학당
⑤ 한성 사범 학교

역사 신문

제△△호 1883년 ○○월 ○○일

덕원 관민의 노력, 교육 기관 설립으로 이어져

최근 함경도 덕원 지역에 설립된 한 교육 기관이 세간의 화제가 되고 있다. 이곳에서 학생들은 산수(算數), 기기(機器), 농잠(農蠶), 광산 채굴 등의 근대적 학문을 배울 수 있다고 한다. 그동안 덕원 부사 정현석은 자신이 다스리는 곳이 해안의 요충지이고 아울러 개항지이기 때문에 중요하다고 말하며, 근대적 교육 기관 설립이 필요하다고 주장해 왔다. 결국 이러한 주장이 덕원 주민의 지지에 힘입어 결실을 맺은 것이다.

★★★ 기본 48회 37번

4. (가) 단체의 활동으로 옳은 것은?

우리 대조선국이 독립국이 되어 세계 여러 나라와 어깨를 나란히 하니, 우리 동포 이천만이 오늘날 맞이한 행복이다. 여러 사람의 의견으로 (가) 을/를 조직하여 옛 영은문 자리에 독립문을 새로 세우고, 옛 모화관을 고쳐 독립관이라 하고자 한다. 이는 지난날의 치욕을 씻고 후손들에게 본보기를 보여 주고자 함이다.

① 형평 운동을 전개하였다.
② 만민 공동회를 개최하였다.
③ 한국광복군을 창설하였다.
④ 한글 맞춤법 통일안을 제정하였다.

3 나라를 지키기 위한 노력

조선 정부는 국내에서 문제가 일어났을 때 너무 쉽게 외세에 의존했어. 임오군란이 일어나자 청에 도움을 요청했고 갑신정변, 동학 농민 운동이 일어났을 때도 마찬가지로 청에게 도와 달라고 했지. 일본을 견제하기 위해 러시아를 끌어들이고 심지어 일본의 위협을 피해 고종이 러시아 공사관으로 피신하기까지 했어.

외세에 의존하면서 국력을 키우지 못한 대한 제국은 위기를 맞이했어. 1904년 일본이 러시아와 전쟁을 시작한 거야. 10년 전 일본은 조선에 대한 주도권을 놓고 청과 전쟁을 일으켜 승리했어. 러시아의 영향력이 커지자 일본은 또다시 러시아와 한판 붙은 거지.

러·일 전쟁이 일어나자 대한 제국은 두 나라 사이에서 중립을 선언했어. 하지만 일본은 이를 무시하고 대한 제국의 영토를 군사 주둔지로 사용한다는 내용의 조약 체결을 강요했지. 일본의 국권 침탈에 맞선 우리의 노력을 알아보자.

1904년
러·일 전쟁 발발

1905년
을사늑약 체결, 을사의병 봉기

1907년
국채 보상 운동 시작, 고종 황제 퇴위

1910년
한국 병합 조약 체결(경술국치)

을사늑약 ★ 대한 제국의 외교권이 박탈되다

　일본은 러·일 전쟁에서 승리했어. 그러자 일본은 본격적으로 우리나라를 침략하기 시작했단다. 러·일 전쟁 이후 조선에 대한 독점적 지배권을 확보한 일본은 **이토 히로부미**를 대한 제국에 파견했어. 이토 히로부미는 대한 제국의 외교권을 빼앗고 통감을 파견한다는 내용이 담긴 문서를 가지고 왔지. 고종은 조약 체결을 끝까지 거부했어. 그러자 이토 히로부미는 일본 군대를 동원해 위협했고 결국 덕수궁 중명전에서 회의가 열렸어. 회의장 밖은 총칼을 찬 일본 헌병과 무장한 군인들이 지키고 있었지. 당시 대한 제국의 대신들 중 한규설이 조약 체결을 강력하게 반대하자 이토 히로부미는 한규설을 중명전 밀실에 가둬 버렸단다. 이토 히로부미와 학부대신 이완용은 '한국이 부강해질 때까지 일본의 보호를 받는다.'는 조항을 집어넣어 '조건부'라는 명분을 만들고 멋대로 조약을 체결했어.

　이 조약이 바로 제2차 한일 협약이라고 하는 **을사늑약**이야. 늑약은 나라 사이에 강제로 맺은 조약이라는 뜻으로 을사늑약은 을사년(1905년)에 강제로 맺은 조약이라는 의미지.

을사늑약 풍자화 을사늑약 체결 당시의 모습을 풍자한 그림이야. 칼을 든 일본의 위협 속에서 조약을 체결하는 모습을 담고 있어.

을사늑약 주요 내용

제2조 일본국 정부는 한국이 다른 나라와 맺은 조약의 실행을 완수하며, 한국 정부는 지금부터 일본국 정부의 중개 없이는 다른 나라와 어떠한 조약이나 약속을 맺어서는 안 된다.

제4조 일본국 정부는 한국 황제 폐하 아래 1명의 통감을 두되, 통감은 외교에 관한 사항을 관리하기 위해 경성에 주재하며 직접 한국 황제 폐하를 만나 볼 수 있는 권리를 가진다.

일본의 협박과 회유에 넘어가 조약 체결에 앞장선 이완용, 이근택, 이지용, 박제순, 권중현을 **을사오적**이라고 해.

을사늑약은 일본의 군사적 위협 속에서 체결되었으며 대한 제국의 통치권자인 고종의 승인이 없었어. 이것은 국제법상 무효야. 하지만 이토 히로부미는 을사늑약의 내용을 멋대로 발표하고 이듬해에 초대 통감으로 조선에 부임했단다.

을사오적 왼쪽부터 이완용, 이근택, 박제순, 이지용, 권중현으로 을사늑약 체결에 앞장서 을사오적이라고 불렸지.

을사늑약에 대한 저항 ★을사늑약 체결을 반대하다

을사늑약이 체결되면서 대한 제국은 일본의 개입 없이는 다른 나라와 외교 관계를 맺을 수 없게 되었어. 또 통감 정치를 통해 일제는 대한 제국의 내정을 깊숙이 간섭함으로써 식민 지배에 필요한 발판을 마련하였어.

을사늑약이 체결되었다는 소식이 전해지자 각계각층에서 저항하는 움직임이 일어났단다. 장지연은 《황성신문》에 '오늘은 목 놓아 통곡하노라'라는 뜻의 **시일야방성대곡**이라는 사설을 실어 을사늑약의 부당함을 알렸어. 민영환은 대한 제국 2000만 동포에게 사죄하며 자주독립을 위해 노력해 달라는 내용의 유서를 남기고 스스로 목숨을 끊었어.

황성신문에 실린 '시일야방성대곡'
장지연은 일본 침략을 규탄하고 조약 체결에 앞장선 대신들을 비판했어.

> 오호! 나라의 치욕과 백성의 욕됨이 이에 이르렀으니……
> 나는 죽음으로써 황제의 은혜에 보답하고 우리 동포 형제에게 사죄하려 하노라. 그러나 나는 죽어도 죽지 않고 저승에서라도 사람들을 기꺼이 도우리라.
>
> 민영환, '경고 대한 2천만 동포 유서' 중 일부

나철과 오기호 등은 조약 체결에 찬성한 을사오적을 처단하기 위해 **오적 암살단**을 조직했어. 이재명은 을사오적 중 한 명인 이완용을 칼로 찔렀지. 비록 상처를 입히는 정도에 그쳤지만, 이 사건을 통해 을사오적을 향한 사람들의 분노가 얼마나 컸는지 짐작해 볼 수 있어.

고종은 을사늑약의 부당함을 국제 사회에 알리기 위해 비밀리에 네덜란드 헤이그에서 열리는 만국 평화 회의에 특사를 파견했어. 그러나 **헤이그 특사**로 파견된 이준, 이상설, 이위종은 정식 초청장이 없다는 이유로 회의 참가를 거부당했어. 국제 질서의 냉혹함에 분노한 헤이그 특사는 해외 언론을 통해 일제의 침략과 대한 제국이 처한 현실을 적극적으로 알렸어. 러시아어, 프랑스어, 영어 등 외국어에 능통한 이위종은 신문 기자단 국제 협회에 참석해서 세계의 언론인에게 '한국을 위하여 호소한다'라는 연설을 하기도 했지. 그러나 구체적인 성과를 얻지 못한 채 특사 중 한 명이었던 이준이 헤이그에서 숨을 거두었어. 이상설, 이위종은 포기하지 않고 영국과 미국의 여러 도시를 순방하며 대한 제국의 독립 지지를 호소했어.

고종이 헤이그 특사를 파견한 사실을 뒤늦게 알게 된 일제는 갖은 회유와 협박 끝에 1907년 고종을 강제로 퇴위시키고 고종의 아들인 순종을 황제 자리에 앉혔어. 그리고 대한 제국의 군대까지 해산시켰지.

헤이그 특사 왼쪽부터 이준, 이상설, 이위종이야. 을사늑약의 불법성을 국제 사회에 알리고자 노력했어.

을사의병과 정미의병 ★ 항일 의병 운동이 전개되다

　을사늑약 체결 소식이 전해지자 다시 의병 운동이 일어났어. 이때 일어난 의병을 을사년에 일어난 의병이라 해서 **을사의병**이라고 해. 충청도에서는 민종식, 전라도에서는 최익현, 태백산맥 일대에서는 신돌석이 활약했어. 신돌석은 평민 출신 의병장으로 '태백산 호랑이'라고도 불렸어. 나라가 어려워지자 농민들도 적극적으로 의병 운동에 참여했단다.

　의병 운동은 1907년 고종이 강제 퇴위당하고 대한 제국의 군대가 해산되면서 더욱 확산되었어. 무기와 군대 전술을 익힌 해산 군인들이 의병 운동에 참여하면서 항일 의병 운동은 조직력과 전투력이 높아졌고 점차 의병 전쟁으로 발전했어. 이때 일어난 의병을 **정미의병**이라고 해. 전국 13도의 의병장들은 힘을 모아 13도 창의군이라는 연합 부대를 만들었어. 13도 창의군은 일본을 몰아내기 위해 수도 한성으로 진격하는 **서울 진공 작전**을 펼쳤어. 하지만 막강한 화력을 갖춘 일본군과 맞붙기엔 역부족이었어. 결국 공격은 실패하고 말았지. 하지만 의병들은 포기하지는 않고 전국 각지로 흩어져 소규모 부대를 조직해 맞서 싸우거나 만주나 연해주로 건너가 항일 투쟁을 이어 갔단다.

을미사변과 단발령에 저항했던 의병을 을미의병이라고 했지? 을미의병은 양반 유생들이 주도했지만 을사의병 때는 신돌석과 같은 평민 의병장이 등장했지.

의병 멋져요!

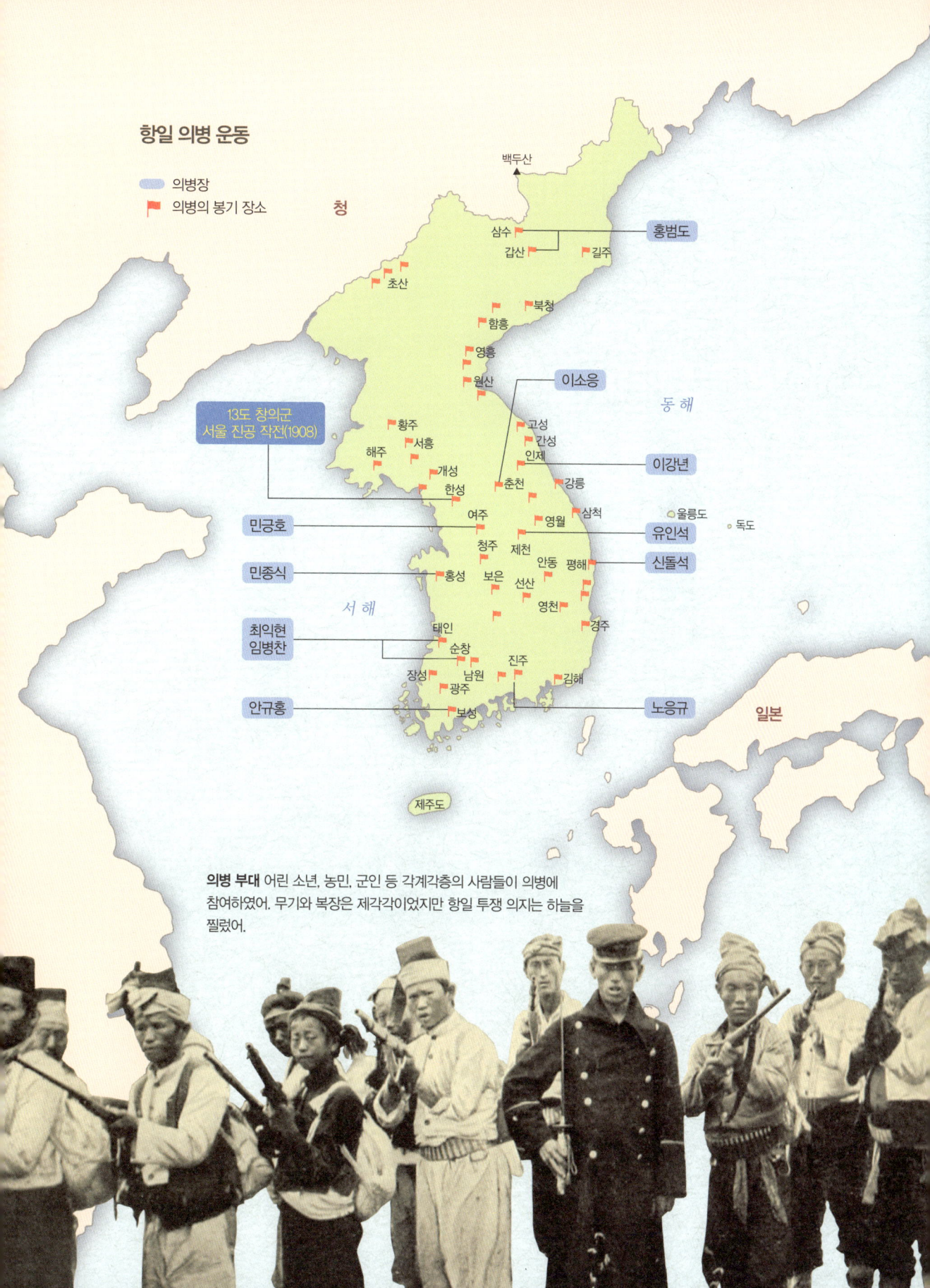

애국 계몽 운동
★ 교육과 산업을 일으켜 나라를 지키고자 하다

일제와 맞서 싸우는 항일 투쟁이 계속되는 한편, 민족 정신을 키우는 교육과 나라를 부강하게 만드는 산업을 일으켜 독립을 이루자는 **애국 계몽 운동**도 일어났지.

민족 지도자들은 인재를 양성하기 위해 학교를 설립하고, 신문이나 잡지를 발간해 많은 사람들을 계몽시키려 했어. 특히 《대한매일신보》는 일제의 침략 행위를 비판하고 민족 운동을 지원했어.

산업을 발전시켜 경제적 자립을 꾀하고 나라를 부강하게 만들기 위한 움직임도 활발하게 진행되었지. 1907년에는 대구에서 나라의 빚을 갚자는 **국채 보상 운동**이 시작되었어. 일본은 새로운 문물을 도입해야 한다는 명분을 내세워 정부에 돈을 빌리도록 강요했어. 그 결과 대한 제국은 많은 빚을 떠안게 되었지.

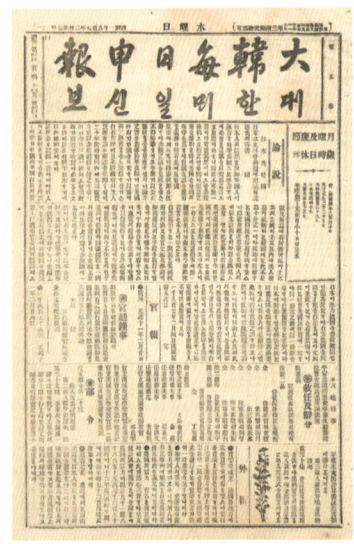

대한매일신보와 편집국 대한매일신보는 발행인이 영국인이었기 때문에 일본의 간섭에서 비교적 자유로워 항일 의병에 대해 호의적인 기사를 싣고 국채 보상 운동 등을 지원할 수 있었지.

어니스트 베델 런던 데일리 뉴스의 특파원으로 우리나라에 와서 대한매일신보를 발행하고 일본의 침략 정책을 비판했어.

빚 때문에 나라가 일본에 넘어갈지 모른다고 생각한 사람들은 나라 빚을 갚아 주권을 지키자는 운동을 시작했어. 남자들은 담배를 끊고 여자들은 가락지, 비녀 등을 팔아 성금을 냈지. 지식인, 상인, 노동자, 기생, 백정 등 각계각층에서 뜻을 모았어. 하지만 일제의 방해와 탄압으로 국채 보상 운동은 중단되고 말았단다.

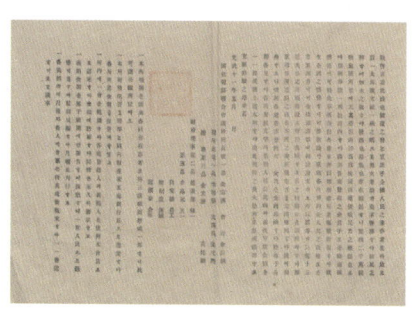

국채 보상 운동 기록물 외세를 배격하고 자주권을 회복할 것을 주장한 상소문과 국채 보상 운동 계획이 적혀 있는 문서로 유네스코 세계 기록 유산에 등재되었어.

국채 보상 운동은 실패했지만 온 국민이 자발적으로 참여한 국권 회복 운동이라는 점에서 의미가 있단다.

신민회 ★ 인재를 양성하고 민족 기업을 설립하다

안창호와 양기탁이 이끌었던 **신민회**는 나라의 힘을 기르려면 인재를 양성해야 한다고 생각했어. 그래서 이승훈은 평안북도 정주에 오산 학교를, 안창호는 평양에 대성 학교를 세웠지. 또 일본의 경제 침략에 대비해 민족 자본이 필요하다고 생각했어. 그래서 도자기 회사, 서점 등 민족 기업을 설립하기도 했지.

실력 양성만으로는 국권을 회복하기 어렵다고 생각한 신민회는 만주에 독립운동 기지를 건설하고 신흥 강습소를 설립하여 독립군 양성에 힘썼어. 1911년 일제가 조작한 105인 사건으로 신민회는 해체되었지만 신민회 회원들은 국내외에서 활발하게 독립운동을 펼쳤단다.

안창호와 대성 학교 안창호는 애국 정신이 투철한 민족 운동가를 양성하고자 평양에 대성 학교를 설립했어.

이승훈과 오산 학교 오산 학교 2회 졸업식에서 아이들이 태극기를 들고 있어.

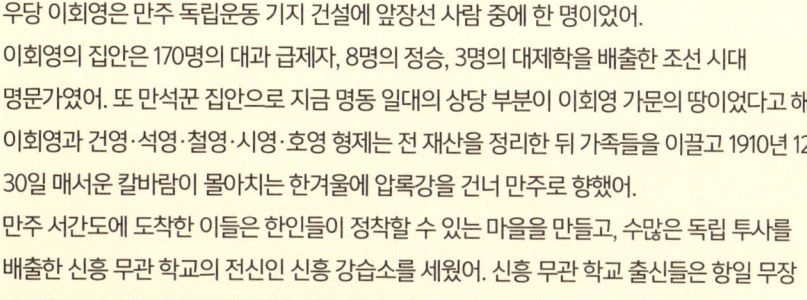

우당 이회영은 만주 독립운동 기지 건설에 앞장선 사람 중에 한 명이었어. 이회영의 집안은 170명의 대과 급제자, 8명의 정승, 3명의 대제학을 배출한 조선 시대 명문가였어. 또 만석꾼 집안으로 지금 명동 일대의 상당 부분이 이회영 가문의 땅이었다고 해. 이회영과 건영·석영·철영·시영·호영 형제는 전 재산을 정리한 뒤 가족들을 이끌고 1910년 12월 30일 매서운 칼바람이 몰아치는 한겨울에 압록강을 건너 만주로 향했어.
만주 서간도에 도착한 이들은 한인들이 정착할 수 있는 마을을 만들고, 수많은 독립 투사를 배출한 신흥 무관 학교의 전신인 신흥 강습소를 세웠어. 신흥 무관 학교 출신들은 항일 무장 투쟁을 주도하였지. 이회영 일가는 한인촌을 만들고 독립운동 기지를 건설하느라 3년 만에 돈을 다 써 버리고 끼니를 걱정하는 힘든 생활을 해야만 했지.
이회영은 수많은 위기와 고비를 겪으면서도 독립운동을 이어 가다가 결국 일본 경찰에 체포되어 고문 끝에 숨을 거두고 말았어.
이회영과 형제들은 편안한 삶을 버리고 모든 것을 던져 나라를 구하는 길을 택했어. 나라의 독립을 위해 온 힘을 쏟은 이들의 헌신은 지금 우리에게도 많은 교훈을 준단다.

의거 활동 ★ 일제 침략의 원흉을 처단하다

일제 침략에 앞장선 사람들을 처단하고자 하는 움직임도 있었지.

미국인 스티븐스는 대한 제국의 외교 고문으로 일본을 도왔지. 심지어 일본이 조선 사람들을 잘살 수 있게 해 주었다며 일본의 침략을 찬양하는 말을 하고 다녔어. 이에 분노한 **장인환**, **전명운**은 미국 오클랜드역에서 스티븐스를 총으로 쏴 죽였어. 그런데 정말 놀라운 건 두 사람이 같이 계획한 일이 아니었다는 거야. 같은 뜻을 가진 두 사람이 한날한시에 같은 장소에서 만난 거지.

그리고 또 한 사람! 을사늑약을 강요하고 우리 국권을 빼앗는 데 앞장선 일본인 이토 히로부미를 처단한 사람이 있었어. 바로 **안중근** 의사야.

안중근은 계몽 운동에 힘쓰다가 무장 투쟁의 필요성을 느껴 러시아에서 의병대

를 조직하여 항일 운동을 벌였어. 안중근은 뜻을 같이하는 동료들과 함께 비밀 조직을 만든 뒤 손가락을 잘라 단지 동맹을 맺고 독립운동에 헌신할 것을 맹세했어. 그러던 중 1909년에 이토 히로부미가 만주로 시찰하러 온다는 소식을 듣고 안중근과 동지들은 곧장 이토 히로부미를 처단할 계획을 세웠어. 안중근은 10월 26일 새벽 하얼빈 기차역으로 나가 이토 히로부미가 도착하기를 기다렸어. 드디어 오전 9시에 이토 히로부미가 열차에서 내리자 안중근은 앞으로 뛰어나가며 권총으로 그를 저격했지. 곧바로 러시아군에 체포된 안중근은 러시아어로 이렇게 외쳤어. "꼬레아 우라!" 안중근이 외친 말은 바로 "대한 제국 만세!"였단다.

두 동생과 면회하는 안중근 뤼순 감옥 관리들이 지켜보는 가운데 면회 온 빌렘 신부와 이야기를 나누고 있는 모습이야. 안중근은 사형을 당하기 전에 '사람은 한 번은 반드시 죽는 것이니 죽음을 일부러 두려워할 것은 아니다.'라며 의연한 모습을 보였다고 해.

일제 침략의 원흉인 이토 히로부미는 이렇게 비참한 최후를 맞이했지.

안중근은 재판을 받으면서 일본이 우리나라에서 저질렀던 만행과 자신이 이토 히로부미를 죽인 이유, 그리고 동양 평화에 대한 자신의 생각을 밝혔어. 많은 사람들이 안중근을 구하려고 노력했지만 결국 안중근은 사형을 당했지.

이렇게 우리 민족은 나라를 지키기 위해 치열하게 노력했지만 안타깝게도 1910년 8월 29일 **한국 병합 조약**으로 강제로 나라를 빼앗겼단다. 경술년에 나라를 빼앗기는 치욕을 겪었다는 뜻으로 **경술국치**라고 해. 이후 일제의 식민지로 보낸 35년 동안 우리 민족은 말로 다 할 수 없는 고통을 겪었단다.

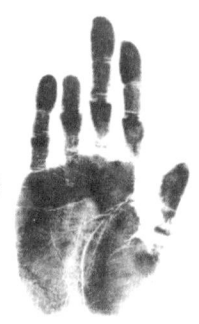

안중근 의사의 단지 안중근과 11명의 독립투사는 단지회라는 비밀 결사 조직을 결성하고 왼손 네 번째 손가락 한 마디를 자른 뒤 혈서로 '대한 독립(大韓獨立)'이라고 썼어. 그렇게 조국의 독립과 항일 투쟁의 의지를 다진 거지.

대한 독립의 소리가
천국에 들려오면
나는 마땅히 춤추며
만세를 부를 것이다!

안중근 의사의 유묵 안중근 의사가 이토 히로부미를 사살한 뒤 뤼순 감옥에 있을 때 쓴 글씨야. 서투른 목수는 아름드리 큰 재목을 쓰기 어렵다는 뜻의 '용공난용연포기재(庸工難用連抱奇材)'가 적혀 있어. 글씨 왼쪽에는 안중근의 왼쪽 손바닥 도장이 찍혀 있어.

우리나라는 외세가 밀고 들어오는 상황에 적절히 대응하지 못하고 오히려 외세에 의존하다가 결국 나라의 주권까지 빼앗기고 말았어. 이런 역사를 반복하지 않기 위해 우리는 역사를 배우는 거란다.

큰★별쌤 한판 정리

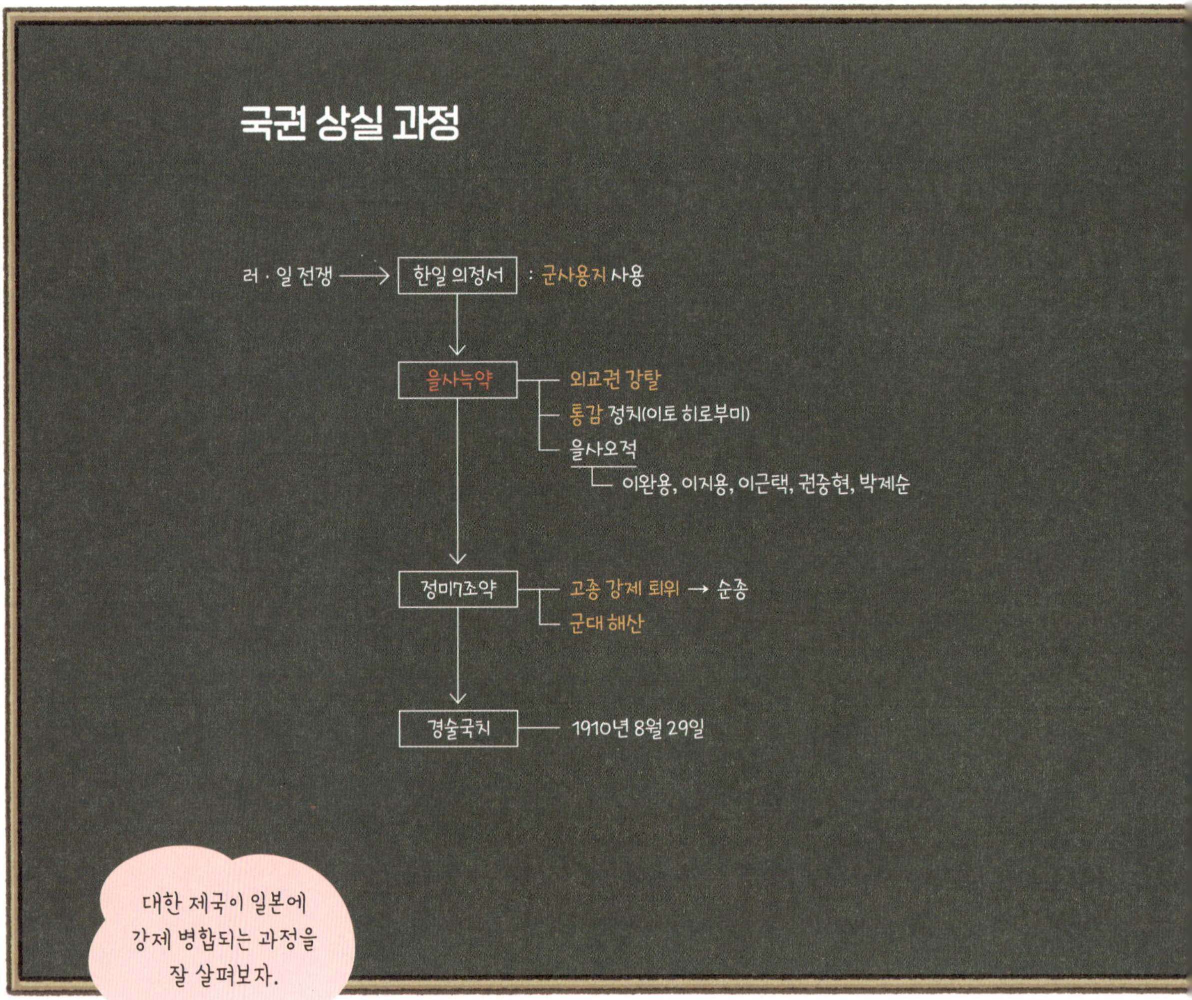

국권 상실 과정

러·일 전쟁 → 한일 의정서 : 군사용지 사용
↓
을사늑약 — 외교권 강탈
　　　　　— 통감 정치(이토 히로부미)
　　　　　— 을사오적
　　　　　　└ 이완용, 이지용, 이근택, 권중현, 박제순
↓
정미7조약 — 고종 강제 퇴위 → 순종
　　　　　— 군대 해산
↓
경술국치 — 1910년 8월 29일

대한 제국이 일본에 강제 병합되는 과정을 잘 살펴보자.

러·일 전쟁 일본은 러·일 전쟁을 일으킨 직후 한일 의정서 체결을 강요했어.
을사늑약 외교권 강탈과 통감부 설치를 내용으로 하는 을사늑약 체결을 강요했어. 당시 이 조약에 동의한 5명을 을사오적이라고 부르지.
헤이그 특사 고종이 헤이그에 특사를 파견하자 일본은 고종을 강제로 퇴위시키고 대한 제국의 군대를 해산시켰어.
경술국치 일본은 1910년 8월 29일 한국 병합 조약을 체결을 강요했어.

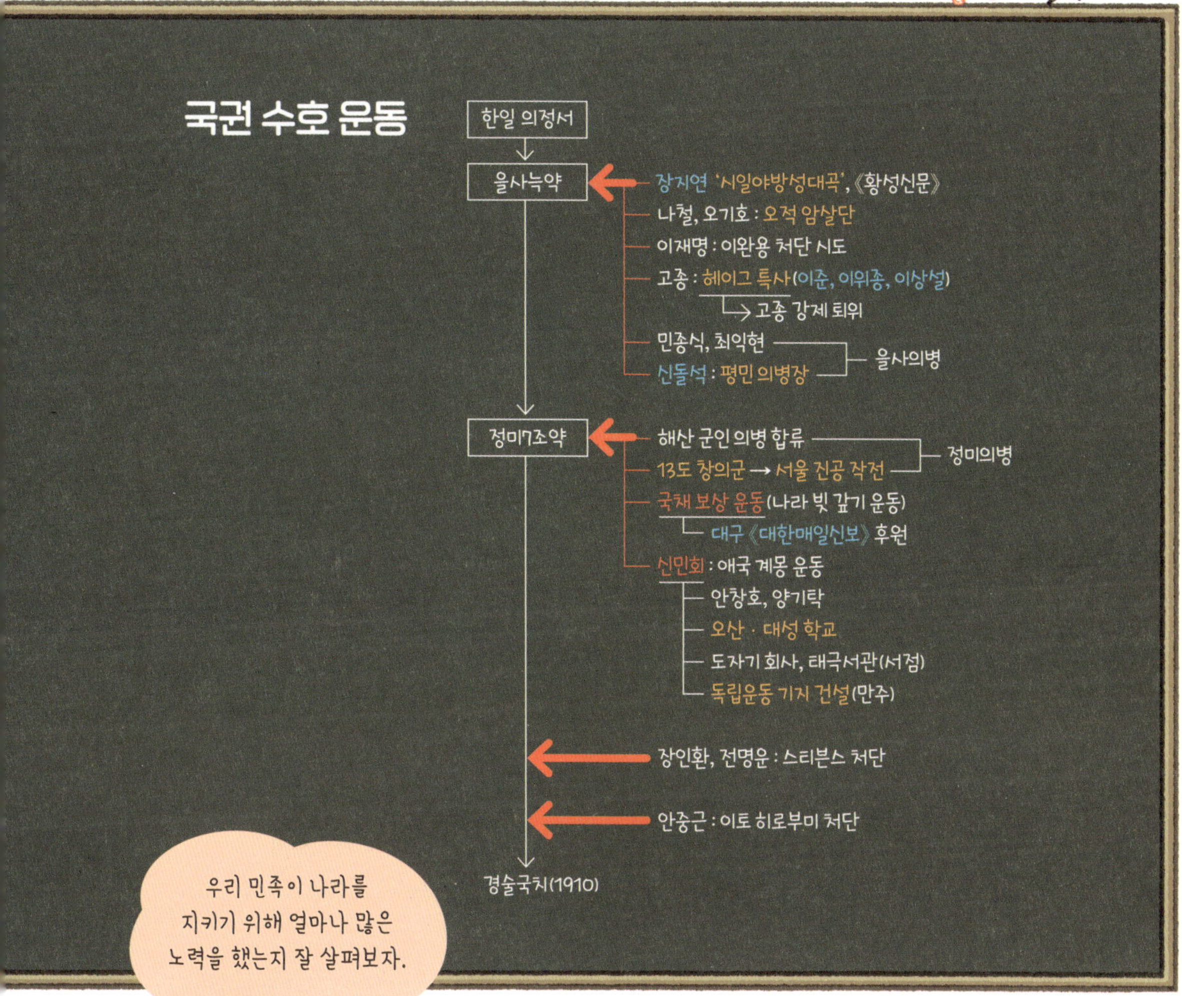

국권 수호 운동

한일 의정서
↓
을사늑약 ← 장지연 : '시일야방성대곡', 《황성신문》
- 나철, 오기호 : 오적 암살단
- 이재명 : 이완용 처단 시도
- 고종 : 헤이그 특사 (이준, 이위종, 이상설)
  → 고종 강제 퇴위
- 민종식, 최익현 ┐
- 신돌석 : 평민 의병장 ┘ 을사의병

↓
정미7조약 ← 해산 군인 의병 합류 ┐
- 13도 창의군 → 서울 진공 작전 ┘ 정미의병
- 국채 보상 운동 (나라 빚 갚기 운동)
  └ 대구 《대한매일신보》 후원
- 신민회 : 애국 계몽 운동
  - 안창호, 양기탁
  - 오산·대성 학교
  - 도자기 회사, 태극서관 (서점)
  - 독립운동 기지 건설 (만주)

← 장인환, 전명운 : 스티븐스 처단

← 안중근 : 이토 히로부미 처단

↓
경술국치 (1910)

> 우리 민족이 나라를 지키기 위해 얼마나 많은 노력을 했는지 잘 살펴보자.

국권 수호 운동 장지연은 시일야방성대곡이라는 사설로, 민영환은 자결로 을사늑약 체결에 저항하였어. 나철과 오기호는 오적 암살단을 조직했고 최익현 등의 유생들과 신돌석과 같은 평민 의병장이 을사의병을 일으켰지.
정미의병 13도 창의군을 편성하여 서울 진공 작전을 펼쳤어.
국채 보상 운동 나라 빚을 갚아 국권을 회복하자는 국채 보상 운동이 일어났어.
신민회 애국 계몽 운동을 주도하고 만주에 독립운동 기지를 건설하였어.

큰★별쌤 별별 퀴즈

1. ★ 안에 들어갈 알맞은 말을 써 볼까요?

- 일제는 강제로 ★★ 늑약을 체결하여 대한 제국의 외교권을 빼앗았다.

- 대한 제국이 일제에 진 빚을 갚아 국권을 회복하자는 ★★★★ 운동이 전개되었다.

- ★★★ 은 만주 하얼빈역에서 우리나라 침략에 앞장선 이토 히로부미를 저격하였다.

2. 큰★별쌤이 설명하고 있는 단체는 무엇일까요?

① 신간회
② 독립 협회
③ 한인 애국단
④ 신민회

독립군을 양성하기 위해 만주에 독립운동 기지를 건설하고 오산 학교와 대성 학교를 세운 애국 계몽 운동 단체란다.

3. 다음 문장이 맞으면 ○, 틀리면 X에 동그라미를 그려 볼까요?

- 을사늑약이 체결되자 장지연은 황성신문에 시일야방성대곡이라는 사설을 실어 조약의 부당함을 알렸다. ○ X

- 고종의 강제 퇴위와 대한 제국 군대 해산에 맞서 을사의병이 일어났다. ○ X

- 국채 보상 운동은 서울에서 시작되어 전국으로 확산되었다. ○ X

4. 독립운동가의 이름을 찾아 선으로 연결해 볼까요?

나는 평민이지만 을사늑약이 체결된 것에 항거하여 의병을 일으켰어. 사람들은 나를 '태백산 호랑이'라고 불렀지.

안중근

나는 동지들과 단지회라는 비밀 결사 조직을 결성하고 우리 민족 침략의 원흉인 이토 히로부미를 처단했어.

신돌석

# 큰★별쌤 별별 특강

안중근과 그의 가족들

안중근 의사를 떠올리면 약지 손가락 한 마디가 잘린 왼쪽 손바닥 도장과 이토 히로부미 저격이 가장 먼저 생각날 거야. 안중근은 11명의 동지들과 나라를 지키기로 손가락을 끊어 맹세하고 그 결의로 이토 히로부미를 처단했어.

이렇게 안중근이 목숨을 걸고 옳은 일을 할 수 있었던 건 가족들의 신념과 믿음이 있었기 때문이야. 안중근이 이토 히로부미를 저격한 후 그의 가족들은 일제의 혹독한 탄압을 받았어. 동생 정근과 공근은 안중근의 의거와 관련이 있다는 혐의로 옥고를 치르기도 했지. 안중근이 뤼순 감옥에 수감되어 재판을 받게 되자 어머니 조마리아 여사는 안중근 변호를 맡아 줄 변호사를 구했지만, 일제는 변호사가 일본인이 아니라며 허가하지 않았어. 결국 안중근 의사는 여섯 차례의 재판 끝에 사형을 선고받았어. 조마리아 여사는 두 아들 정근과 공근을 보내 안중근에게 이런 말을 전했어.

'네가 항소를 한다면 그것은 일제에게 목숨을 구걸하는 것이다.
네가 나라를 위해 한 일이니 다른 마음먹지 말고 죽거라.
옳은 일을 하고 받는 형이니 비겁하게 삶을 구하지 말고
대의로 죽는 것이 어미에 대한 효도다.'

그리고 흰색 명주로 수의를 지어 보냈지. 자식의 목숨이 무엇보다 소중했지만 나라를 위해 목숨을 던진 아들의 대의 역시 귀하게 생각했던 거야.

안중근 의사의 순국 이후 조마리아 여사와 가족들은 연해주로 건너갔어. 그리고 안창호, 최재형을 비롯한 독립운동가들의 도움으로 어렵게 생계를 이어 갔지. 그곳에서 조마리아 여사는 우리 민족들이 살고 있는 곳을 찾아다니며 독립에 대한 희망을 놓지 않고 노력해 달라고 당부했단다.

동생 정근과 공근은 1919년 대한민국 임시 정부가 수립되자 상하이로 건너가 참여했어. 안정근은 독립운동 선전과 군자금 모금 활동을 펼쳤고 임시 정부의 의정원 의원으로 선출되어 활동했어. 러시아어가 능통한 안공근은 대한민국 임시 정부 러시아 대사로 임명되었고, 김구와 함께 한인 애국단을 조직해서 이봉창, 윤봉길 의거를 계획했지. 조마리아 여사도 상하이로 이주해 김구의 어머니 곽낙원 여사와 함께 임시 정부의 어머니와 같은 역할을 했지. 분란이 일어나면 적극적으로 해결해 '여중군자'라고 불리기도 했단다. 조마리아 여사는 세 아들을 모두 나라에 기꺼이 내어 주고 자신 역시 나라를 위해 일하다가 1927년 상하이에서 세상을 떠났어.

도전! 한국사능력검정시험

★★ 중급 46회 35번

1. (가)에 해당하는 인물로 옳은 것은?

이곳은 서울 효창 공원의 삼의사 묘역입니다. 여기에는 삼의사의 묘 외에 하얼빈역에서 이토 히로부미를 사살한 (가) 의 가묘도 함께 조성되어 있습니다. 그는 광복이 되면 자신의 유해를 고국에 묻어 달라고 유언하였으나, 오늘날까지 찾지 못해 가묘로 남아 있습니다.

 ① 김원봉
 ② 김좌진
 ③ 나석주
 ④ 안중근
 ⑤ 이육사

★★★ 기본 47회 35번

2. (가) 조약의 내용으로 옳은 것은?

① 외교권 박탈
② 천주교 포교 허용
③ 화폐 정리 사업 실시
④ 대한 제국 군대 해산

호머 헐버트

우리와 함께 일제에 맞선 외국인

호머 헐버트는 육영 공원의 교사로 초빙되어 우리나라와 처음 인연을 맺었다. 그는 1905년 일제에 의해 (가) 이/가 강제로 체결되자, 그 부당성을 알리기 위해 파견된 헤이그 특사의 활동을 지원하였다.

⭐⭐⭐ 기본 50회 30번
3. 교사의 질문에 대한 학생의 답변으로 옳은 것은?

① 13도 창의군을 결성하였어요.
② 정부에 헌의 6조를 건의하였어요.
③ 백산에 집결하여 4대 강령을 발표하였어요.
④ 곽재우, 고경명 등이 의병장으로 활약하였어요.

화면의 사진은 1907년 영국 기자 매켄지가 의병들을 취재하면서 찍은 것입니다. 당시 의병 활동에 대해 말해 볼까요?

⭐⭐⭐ 기본 50회 31번
4. (가) 단체의 활동으로 옳은 것은?

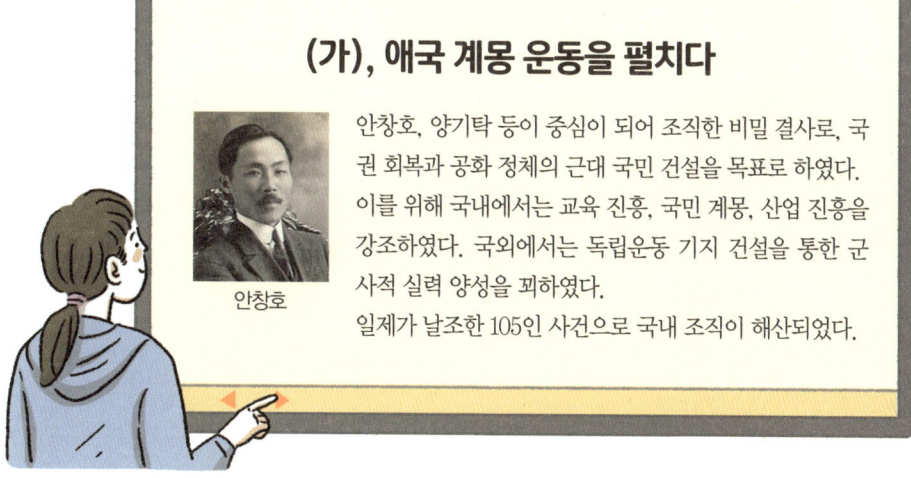

(가), 애국 계몽 운동을 펼치다

안창호

안창호, 양기탁 등이 중심이 되어 조직한 비밀 결사로, 국권 회복과 공화 정체의 근대 국민 건설을 목표로 하였다. 이를 위해 국내에서는 교육 진흥, 국민 계몽, 산업 진흥을 강조하였다. 국외에서는 독립운동 기지 건설을 통한 군사적 실력 양성을 꾀하였다.
일제가 날조한 105인 사건으로 국내 조직이 해산되었다.

① 독립신문을 창간하였다.
② 한성 사범 학교를 설립하였다.
③ 태극 서관, 자기 회사를 운영하였다.
④ 일본의 황무지 개간권 요구를 저지하였다.

봉오동 전투, 청산리 대첩
1920년

1919년
3·1운동, 대한민국 임시 정부 수립

4 나라를 되찾기 위한 노력

    1910년 8월 29일 국권 피탈로 대한 제국은 일제에 국권을 완전히 빼앗겼어. 일제는 우리나라의 국권을 강탈한 뒤 시기별로 통치 정책을 바꿔 가며 우리 민족을 억압하고 수탈했지.

    하지만 우리 민족은 그저 당하고만 있지 않았어. 후손들에게 식민지 조국을 물려주지 않기 위해 목숨을 걸고 일제에 저항했어. 일제 강점기라는 암흑의 시간을 겪었지만 일제에 맞서 싸운 수많은 사람들이 있었기에 우리 역사는 자랑스럽게 기록될 수 있었단다. 일제 강점기에 나라를 되찾기 위해 우리 민족이 어떠한 노력을 펼쳤는지 살펴보자.

1926년
6·10 만세 운동

1929년
광주 학생 항일 운동

1932년
도쿄 이봉창 의거, 상하이 윤봉길 의거

일제의 무단 통치
★ 헌병 경찰을 앞세워 우리 민족을 억누르다

1910년 우리나라의 국권을 빼앗은 일제는 식민 통치를 하기 위해 **조선 총독부**를 설치했어. 또 경복궁의 전각을 허물어 버리고 경복궁 앞마당에 조선 총독부 건물을 세웠단다. 조선을 지배하겠다는 야욕을 노골적으로 보여 준 거야.

조선 총독부의 주요 관직에는 일본인을 앉히고 일제에 협력하는 친일파를 식민 지배에 이용했어. 또 일제는 헌병 경찰을 내세워 강압적인 무단 통치를 실시했어. 원래 군대에서 경찰 역할을 담당하는 헌병에게 민간인들의 치안까지 담당하도록 한 거지. 헌병 경찰에게는 재판 같은 절차 없이 사람을 체포하거나 태형을 가할 수 있는 권한이 주어졌어. 태형은 사람을 엎드리게 한 다음 볼기를 때리는 전근대적인 형벌로 갑오개혁 때 폐지되었어. 그런데 일제는 한국인만 태형으로 다스렸어. 한국인들이 저항하지 못하도록 무력을 앞세워 강압 통치를 한 거지. 헌병 경찰은 한국인을 감시하며 독립운동을 탄압하였어.

헌병 경찰 일제는 헌병 경찰제를 실시하여 한국인을 감시하였어. 또 관리와 교사에게도 제복을 입고 칼을 차게 해서 위협적인 분위기를 만들었지.

일제의 경제 수탈 ★토지와 쌀을 빼앗아 가다

일제의 토지 측량 일제는 토지 조사 사업을 실시해 막대한 토지를 조선 총독부 소유로 만들었어.

일제는 우리의 국권을 강탈한 뒤 세금을 공정하게 부과하고 토지 소유 관계를 정리한다는 명목으로 **토지 조사 사업**을 실시했어. 토지 주인이 직접 신고해야 했는데, 그 절차가 무척 복잡하고 까다로워 일반 농민들은 신고하기 힘들었어. 신고하지 않은 토지는 모두 조선 총독부의 소유가 되었지. 마을 공유지나 문중의 땅, 서류 없이 관습적으로 갖고 있던 땅도 모두 빼앗겼어. 이렇게 빼앗은 토지는 일본인들에게 싼값에 넘겼지.

토지 조사 사업 이후 일본인들과 친일파 지주들은 많은 땅을 차지했고, 땅을 빼앗긴 농민들은 땅을 빌려 농사를 지을 수밖에 없었지. 일본인들과 친일파 지주들은 땅 사용료를 엄청나게 비싸게 받아 가뜩이나 먹고살기 힘든 농민들은 더욱 고달픈 생활을 해야 했어.

1920년대에 들어서자 일제는 빼앗은 토지에서 생산된 쌀을 일본으로 가져가려

했어. 그래서 시행한 사업이 **산미 증식 계획**이었어. 말 그대로 쌀 생산량을 늘리는 계획이었지. 일제는 쌀의 종자를 개량하는 한편 개간을 통해 농지를 넓히고 저수지를 만들어 쌀 생산량을 늘렸어. 하지만 일제는 늘어난 생산량보다 더 많은 양의 쌀을 일본으로 가져갔지.

　일제가 쌀을 수탈하자 쌀값이 치솟았고 농민들은 먹을 쌀이 없어 만주에서 수입된 잡곡을 먹어야 했어. 농민들의 삶은 더욱 더 팍팍해졌단다. 결국 농민들은 농사짓기를 포기하고 먹고살 길을 찾아 도시로 몰려들었어. 도시로 온 농민들은 하루 벌어 하루 먹고사는 노동자가 되거나 구걸해서 생계를 이어 갔어. 더 이상 견딜 수 없는 농민들은 만주나 연해주 등지로 떠났지.

일제의 쌀 수탈 우리 농민들이 생산한 쌀을 일본으로 가져가려고 쌓아 놓은 모습이야.

3·1 운동 ★ 전국 방방곡곡 만세의 함성이 울리다

1914년부터 1918년까지 세계는 제1차 세계 대전 소용돌이에 휩말렸어. 강대국이 힘이 약한 나라를 서로 식민지로 삼겠다고 싸운 거지. 전 세계가 한바탕 전쟁을 겪고 난 뒤 미국 대통령 윌슨은 '모든 민족은 스스로 자신들의 운명을 결정할 권리가 있으며 다른 민족의 간섭을 받을 수 없다.'는 **민족 자결주의**를 발표했어. 이는 제1차 세계 대전의 패전국 식민지에만 적용되었고 승전국인 일본의 식민지였던 우리나라에는 해당되지 않았어. 하지만 식민 지배를 받던 약소 민족에게 민족 자결주의는 큰 희망이 되었단다. 일본 유학생들이 도쿄에서 2·8 독립 선언을 발표하였고 국내에서도 독립 선언의 움직임이 일기 시작했지.

이즈음 대한 제국의 황제였던 고종이 독살되었다는 소문이 퍼졌어. 이 소문을 들은 사람들은 분노했어. 각 종교계 인사들을 중심으로 한 민족 대표들과 학생들은 많은 사람들이 모이는 고종의 장례식에서 만세 시위를 벌이기로 했단다.

1919년 3월 1일, 민족 대표는 서울의 태화관에서 독립을 선언했지. 그 시각 종로

의 탑골 공원에 모여 있는 수천 명의 학생과 시민들도 독립 선언서를 낭독하고 태극기를 흔들며 모두 함께 대한 독립 만세를 외쳤지. 만세 함성은 전국 방방곡곡으로 퍼져 나갔어.

3·1 운동은 전국 주요 도시뿐만 아니라 농촌까지 빠르게 확산되었고 국외에서도 만세 운동이 일어났지. 당시 우리나라 인구가 2000만 명 정도였는데 3·1 운동 때 200만여 명이 거리로 나왔다고 해. 집집마다 한 사람씩은 3·1 운동에 참여한 셈이지. 독립을 향한 우리 민족의 열망이 얼마나 대단했는지 짐작이 되지?

3·1 **독립 선언서** 민족 대표 33인이 조선의 독립을 국내외에 선언한 글이야.

3·1 **운동** 3·1 운동 당시 만세를 부르는 시민들의 모습이야.

3·1 운동이 전국으로 확산되자 일제는 당황했어. 일제는 평화적인 만세 시위를 총과 칼로 무자비하게 진압했지.

유관순은 선교사의 소개로 1916년에 이화 학당에 입학했어. 1919년 3·1 운동이 일어나자 유관순도 이화 학당의 학생들과 함께 만세 시위에 참여했어. 만세 시위가 계속 확산되자 조선 총독부는 임시 휴교령을 내렸어. 학교가 문을 닫자 유관순은 고향인 천안으로 내려가 만세 시위를 벌이기로 했어. 4월 1일에 아우내 장터에 수천 명의 사람들이 모였고, 유관순은 태극기를 흔들며 사람들과 함께 만세 시위를 전개했지.

유관순 수형 기록표 서대문 형무소에 수감된 유관순의 수형 기록표야. 유관순은 서대문 형무소에서 3·1 운동 1주년을 맞이해 대대적인 옥중 만세 운동을 주도했어.

이날 유관순의 부모는 헌병 경찰의 총칼에 쓰러졌고, 유관순은 체포되었어. 유관순은 재판을 받는 내내 일제 침략을 규탄하고 만세 시위의 정당함을 주장해 3년 징역형을 받았어. 유관순은 형무소에 갇혀서도 만세 시위를 멈추지 않았어. 그때마다 끌려가 모진 고문을 받던 유관순은 결국 19세의 나이로 감옥에서 세상을 떠나고 말았단다.

경기도 화성에서도 만세 시위가 일어났어. 일본군이 시위대에 발포를 하자 흥분한 사람들은 일본인 집에 돌을 던지고 일본인 소학교에 불을 질렀어. 그러자 일본군은 끔찍한 보복을 저질렀단다.

1919년 4월 15일 일본군은 만세 시위를 폭력적으로 진압한 것에 대해 사과한다며 제암리 마을 남자들을 교회로 모이라고 한 뒤, 밖에서 문을 잠그고 교회에 불을 질렀어. 그리고 불을 피해 뛰쳐나오는 사람들을 향해 총을 쏘았지. 이웃 마을 고주리 주민들도 학살했어. 이 일로 마을이 불타고 30여 명이 목숨을 잃었단다.

일제는 **제암리 학살 사건**을 숨기려 했지만 당시 선교사로 우리나라에 와 있던 스코필드는 일제의 잔혹함을 세계에 알려야 한다고 생각했어. 그래서 학살 현장을 조사하고 사진을 찍어 해외 언론에 보냈고 일본의 끔찍한 만행이 전 세계에 알려졌지.

제암리 민가 일제의 만행으로 폐허가 된 제암리의 모습이야.

대한민국 임시 정부
⭐ 독립을 위해 힘을 하나로 모으다

3·1 운동은 전 국민적인 만세 시위로 확산되었지만 조직화되지 못하고 총칼을 앞세운 일제에 진압되고 말았어. 3·1 운동을 계기로 민족 대표들은 독립 운동을 이끌어 갈 지도부가 필요하다는 걸 절실히 깨달았지.

3·1 운동이 벌어지던 즈음에 국내외 여러 지역에서 임시 정부가 수립되었어. 여러 임시 정부가 하나로 모여 중국 상하이에 **대한민국 임시 정부**를 수립했단다. 당시 상하이는 세계 여러 나라의 외교관이 모여 있어서 국제 사회에 우리의 독립을 호소하기 좋은 곳이었지.

대한민국 임시 정부는 헌법을 통해 국가의 주권이 국민에게 있다고 밝혔어. 이제 황제의 나라인 '제국'이 아니라 국민의 나라인 '민국'이라는 것을 알린 거지. 오랜 봉건 왕조 시대를 끝내고 국민이 나라의 주인인 **민주 공화국** 시대를 연 거야. 그리고 국내외 독립운동 조직을 연결하고 독립운동 자금을 모으기 위해 교통국과 연통제를 조직해서 연락망을 갖추었어. 또《독립신문》을 발행해서 우리의 독립운동을 널리 알리고 다른 나라와 외교 활동도 펼쳤지.

3·1 운동은 우리 민족의 독립 의지를 전 세계에 알리고 이후 다양한 민족 운동이 전개될 수 있는 토대가 되었을 뿐만 아니라 대한민국 탄생의 중요한 계기가 되었단다.

대한민국 임시 정부 사람들 1919년 10월 11일에 촬영한 대한민국 임시 정부 국무원 기념 사진이야.

대한민국 임시 의정원 태극기 대한민국 임시 정부의 의회에 걸려 있던 것으로 보여.

대한민국 임시 정부 청사 상하이에 있었던 대한민국 임시 정부 청사의 모습이란다. 일제의 탄압으로 대한민국 임시 정부는 청사를 여러 번 옮겨야 했지.

문화 통치의 실시 ★ 우리 민족을 분열시키다

일본은 3·1 운동 이후 헌병 경찰을 앞세워 무력으로 억누르는 방식으로 통치하기 어렵다고 판단했어. 그래서 식민 지배 방식을 변경해 **문화 통치**를 실시하겠다고 밝히고 우리 민족의 문화와 관습을 존중하겠다고 선전했어. 일제는 헌병 경찰제를 보통 경찰제로 바꾸고 태형 제도를 폐지하였어. 또한 언론·출판·집회·결사의 자유를 일부 허용했어. 그래서《조선일보》와《동아일보》등의 신문이 발간되고 다양한 사회 운동 단체가 설립되었지.

그런데 오히려 경찰의 수는 늘어났고 일제를 비판하는 기사도 미리 검열해서 지워 버리는 등 일제의 감시와 탄압은 더욱 강화되었어. 또 친일 단체를 조직하고 적극 지원하는 한편 지식인, 지주, 관리 등을 포섭하여 일제 식민 통치에 협력하는 친일 세력을 양성하였단다. 일제가 내세운 문화 통치는 가혹한 식민 통치를 감추고 민족을 분열시키는 통치에 불과했어.

검열 받은 신문 기사 일제의 검열로 삭제된 기사가 벽돌 모양으로 찍혀 있어.

국내 민족 운동 ★ 다양한 방식의 민족 운동을 전개하다

물산 장려 운동을 전개하다

1920년대 들어 일본 상품이 마구 들어오면서 우리나라 산업이 큰 타격을 입었어. 그러자 국산품을 애용하여 우리 민족의 산업을 발전시키자는 물산 장려 운동이 일어났단다. '내 살림 내 것으로', '조선 물산을 먹고 사자' 등을 외치며 우리나라 물건을 사서 쓰자고 했지. 많은 사람들이 호응하여 우리 기업을 도왔어. 평양에서 시작된 물산 장려 운동은 전국으로 확산되었단다.

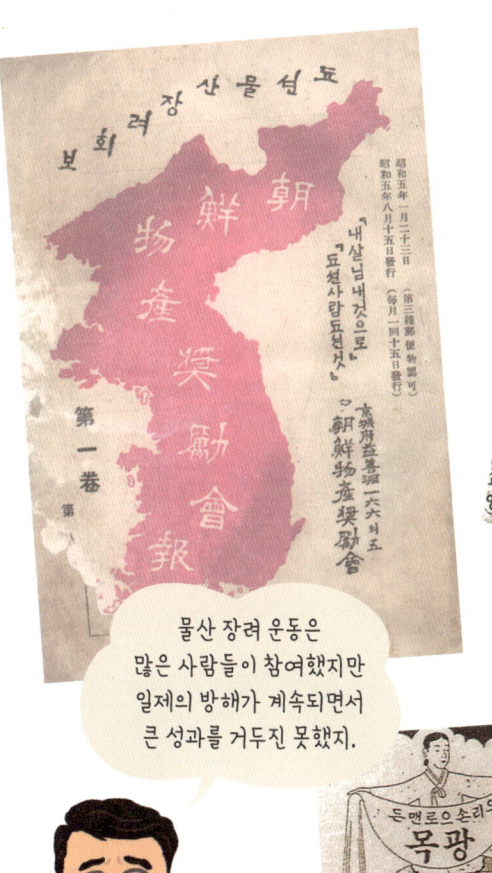

물산 장려 운동은 많은 사람들이 참여했지만 일제의 방해가 계속되면서 큰 성과를 거두진 못했지.

옛날 포스터도 참 재미있네.

물산 장려 운동 홍보 포스터 우리나라에서 산출되는 원료와 기술을 가지고 만든 물품을 팔고 사서 쓰자는 국산품 애용 운동을 벌였어.

민립 대학 설립을 추진하다

우리 민족의 힘으로 고등 교육 기관인 대학을 세우자는 운동도 일어났어. 일제의 식민지 교육은 한국인을 차별했지. 일본인은 초등학교 교육을 6년 동안 받았는데 한국인은 4년만 받았어. 식민지 백성은 더하기와 빼기, 쓰기와 읽기 정도의 기초 교육만 받으면 충분하다고 생각한 거야. 우리나라 사람이 대학 교육을 받는다는 건 거의 불가능했지. 그래서 우리 민족 스스로 돈을 모아 대학을 설립하고 인재를 키우자는 민립 대학 설립 운동을 전개하고 전국적으로 모금 운동을 벌였어.

하지만 일제의 방해와 모금액 부족으로 민립 대학 설립 운동은 실패하고 말았어. 그러자 일제는 경성 제국 대학을 세워 우리 민족의 불만을 잠재우려고 했어.

경성 제국 대학 서울에 설립된 경성 제국 대학의 모습이야. 이후 서울 대학교가 설립되면서 통합되었어.

광주 학생 항일 운동이 일어나다

1929년 10월 30일, 광주와 나주를 오가는 열차가 나주에 도착했을 때였어. 한국 여학생의 댕기 머리를 당기며 희롱하는 일본 학생들과 그것을 항의하는 한국 남학생들 사이에 싸움이 벌어졌지. 그런데 출동한 일본 경찰은 일방적으로 일본 학생 편만 들면서 한국 학생들을 때리고 욕했어.

그러자 그동안 참아 왔던 일본에 대한 한국 학생들의 분노가 폭발했어. 학생들은 식민지 노예 교육 철폐와 일제 타도를 외치며 대규모 시위를 전개하였지. 놀란 일제는 학생들을 잡아들이고 학교 문을 닫았어. 하지만 시위는 멈추지 않고 2차, 3차에 걸쳐 계속 일어났어.

광주에서 시작된 학생 운동은 전국으로 퍼져 나갔지. 전국 각지에서 학생들의 시위나 동맹 휴학이 일어났고 약 200개 학교에서 5만여 명의 학생들이 동참했어. 일반 시민들까지 참여하면서 광주 학생 항일 운동은 3·1 운동 이후 우리나라에서 일어난 가장 큰 항일 운동으로 발전했지. 이후 광주 학생 항일 운동을 기념하여 11월 3일을 '학생 독립운동 기념일'로 지정했어.

신간회를 결성하다

3·1 운동 이후 사회 전체의 이익을 중요시하는 사회주의 계열 독립운동가들은 노동자와 농민이 중심이 되어 자본가들을 물리쳐야 한다고 생각했어. 이들은 기존의 민족주의를 주장하던 독립운동가들과 대립했어.

민족주의 계열과 사회주의 계열은 서로 다른 방향으로 독립운동을 전개했지. 그러자 분열하지 말고 하나가 되어 일제에 맞서야 한다고 주장하는 민족주의와 사회주의 독립운동가들이 연합하여 신간회를 결성했어.

신간회는 국내 최대 규모의 민족 운동 단체로, 전국 각지에서 강연회를 열어 민족의식을 불러일으키고 일제를 비판했어. 또 교육 사업, 농민·노동자 쟁의, 학생 운동 등 다양하게 전개되는 항일 민족 운동을 지원했지.

신간회 창립 1주년 기념 사진 1928년 2월 15일 신간회 신의주 지회 인사들의 모습이야. 뒤쪽 벽에 신간회 강령이 붙어 있어. 이념과 계급을 뛰어넘은 신간회는 전국에 149개의 지회를 두었고, 회원만 4만여 명에 이르렀어.

신간회 강령

1. 우리는 정치적, 경제적 각성을 촉진한다.
2. 우리는 단결을 공고히 한다.
3. 우리는 기회주의를 일체 부인한다.

항일 무장 투쟁과 의열단
★ 무력으로 일제에 맞서다

3·1 운동 이후 많은 청년들이 만주와 연해주로 망명하여 독립군 부대에 합류했지. 독립군 부대는 만주와 연해주에서 세력을 키우면서 일본군과 전투를 벌이기도 하고, 국내로 들어와 일제의 식민 통치 기관을 공격하기도 했어.

독립군의 공격이 이어지자 일제는 두만강을 건너 독립군을 공격하였어. 이에 **홍범도**가 이끄는 대한 독립군을 비롯한 독립군 연합 부대는 봉오동에서 일본군을 크게 격파했단다. **봉오동 전투**에서 크게 패한 일제는 대규모 병력을 보내 만주의 독립군 부대를 공격했지만 **김좌진**이 이끄는 북로 군정서와 홍범도가 이끄는 독립군 연합 부대가 일본군을 유인하여 큰 승리를 거두었어. 이 전투가 유명한 **청산리 대첩**이야.

한편 김원봉은 만주에서 **의열단**을 조직했어. 의열단은 일제의 주요 인물을 암살하거나 식민 통치 기관을 파괴하는 등의 활동을 전개하였지. 김상옥의 종로 경찰서 폭탄 투척 의거, 김익상의 총독부 폭탄 투척 의거, 나석주의 식산 은행과 동양 척식 주식회사 폭탄 투척 의거 등 의열단의 활동은 우리 민족에게 항일 의식을 심어 주었지.

김좌진과 청산리 대첩에서 활약한 독립군의 모습 김좌진은 청산리 일대에서 일본군과 격전을 벌였는데, 6일간에 걸친 10여 차례의 전투 끝에 일본군을 크게 무찔렀어.

한인 애국단 ★ 임시 정부 활동에 활기를 불어넣다

국내외에서 항일 민족 운동과 무장 투쟁이 활발했지만 대한민국 임시 정부는 위기를 맞았어. 일제가 대한민국 독립운동의 심장인 임시 정부를 가만히 놔두지 않았거든. 당시 임시 정부를 이끌고 있던 김구는 1931년에 침체된 대한민국 임시 정부의 활동에 활기를 불어넣고자 의열 투쟁 단체인 **한인 애국단**을 만들었어.

이봉창은 한인 애국단 1호 단원으로 1932년 1월 8일 도쿄 경시청 앞에서 그곳을 지나가는 일왕 히로히토 일행을 향해 수류탄을 던졌지. 이봉창은 일왕을 죽이는 것이야말로 우리나라의 독립을 앞당기는 가장 빠른 길이라고 생각했어. 비록 수류탄은 일왕을 명중시키지 못했지만 일제에 커다란 충격을 주었단다.

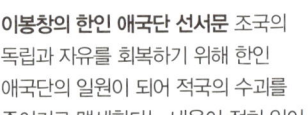

이봉창 거사 전에 찍은 이봉창의 모습이야.

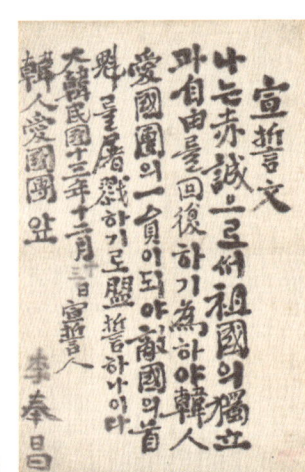

이봉창의 한인 애국단 선서문 조국의 독립과 자유를 회복하기 위해 한인 애국단의 일원이 되어 적국의 수괴를 죽이기로 맹세한다는 내용이 적혀 있어.

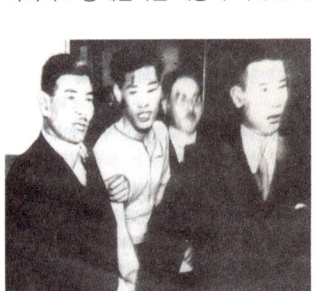

끌려가는 이봉창 이봉창은 거사 후 일본 경찰에게 체포되었어. 도쿄 경시청에 연행되어 조사를 받고 결국 사형 선고를 받아 감옥에서 순국하였지.

1932년 4월 29일 **윤봉길**은 도시락 폭탄과 물통 폭탄을 들고 상하이 훙커우 공원에서 열린 일왕 생일 기념 겸 전쟁 승리 축하 행사장에 갔단다. 행사장 한복판을 향해 윤봉길은 폭탄을 던졌고, 일본군 사령관을 비롯한 여러 일본 요인들에게 중상을 입혔지.

이봉창과 윤봉길 의거는 일제의 침략에 고통받고 있던 중국인들에게도 큰 감명을 주었어. 이를 계기로 중국은 대한민국 임시 정부를 지원하게 되었고 한국광복군 조직에도 도움을 주었단다.

김구와 윤봉길 김구와 윤봉길은 독립을 위해 결연한 의지를 다졌지.

의거 전 윤봉길의 모습 윤봉길이 거사 전 선서문을 목에 걸고 찍은 사진이야. 윤봉길은 거사 직후 현장에서 체포되어 사형 선고를 받았어.

민족 말살 정책 ★우리 민족의 정체성을 없애려 하다

일본은 주변의 나라들과 계속 전쟁을 치렀어. 1931년에 일본은 압록강을 건너 만주를 침략해 만주 사변을 일으켰고, 1937년에 중국과 중·일 전쟁을 벌였어. 1941년에는 미국의 하와이를 기습 공격해 태평양 전쟁을 일으켰지.

이렇게 침략 전쟁을 일으키다 보니 군인도, 전쟁 물자도 부족했어. 일본은 부족한 사람과 물자를 식민지인 우리나라에서 채우려고 했지. 그래서 한국과 일본은 하나라는 **내선일체**를 내세우며 일본에 충성을 바치라고 선전했어. 우리말과 글을 쓰지 못하게 하고 우리나라의 역사를 거짓으로 꾸며 별 볼 일 없는 역사로 만들어 놓았지. 게다가 일본인 학자들은 일본인과 한국인의 조상이 같다는 둥, 한국은 스스로 근대화할 능력이 없어서 일본의 도움이 필요하다는 둥 터무니없는 주장을 하기 시작했어. 나아가 우리 역사 교육을 금지하고 관공서와 학교에서 일본어만 사용하도록 했어.

일제는 한국인의 성과 이름도 일본식으로 바꾸라며 **창씨개명**을 강요했어. 창

창씨개명 창씨개명을 위해 줄을 선 사람들의 모습이야.

씨개명을 하지 않으면 학교도 다닐 수 없고 식량도 배급받지 못했지. 그래서 어쩔 수 없이 많은 한국인이 일본식으로 이름을 바꿨단다.

또 남산에 조선 신궁을 짓고, 전국 곳곳에 일본의 신을 모신 신사를 세워 강제로 **신사 참배**를 하도록 했어. 매일 아침마다 일왕이 사는 궁성 쪽으로 허리를 굽혀 절하도록 강요하기도 했지.

일본 왕에게 충성을 한다고 맹세하는 내용의 **황국 신민 서사**도 외우라고 강요했어. 어린 학생들에게 외우도록 하여 자신도 모르게 자신이 일본인이고 일본에 충성해야 한다는 생각을 갖게 만들려는 의도였지.

황국 신민 서사(아동용)

1. 우리들은 대일본 제국의 신민입니다.

2. 우리는 마음을 합하여 천황 폐하에게 충의를 다합니다.

3. 우리들은 인고단련(괴로움을 참고 견뎌 몸과 마음을 튼튼히 하여)하고 훌륭하고 강한 국민이 되겠습니다.

일제는 조선일보, 동아일보 등 한글 신문과 잡지도 폐간했어.

강제 동원 ★ 사람과 물자를 강제로 빼앗아 가다

우리 민족 정신을 말살하고 일본인이 될 것을 강요한 일본은 전쟁에 필요한 사람과 물자를 마구 빼앗아 가기 시작했어. 청년과 어린 학생들을 강제로 동원해 전쟁터로 보내고 남자들을 일본, 중국, 사할린 등으로 끌고 가 광산이나 군수 공장에서 일하게 했어.

강제 징용으로 끌려간 한인들 일제에 강제 징용되어 뉴기니로 끌려갔다가 전쟁 포로가 된 한국인들의 모습이야.

게다가 돈을 벌게 해 주겠다고 여성들을 속이거나 강제로 끌고 가 일본군의 성 노예로 삼았지. 많은 어린 소녀들이 일본군 '위안부'로 끌려가 이루 말할 수 없는 고통을 겪었어. 심지어 일본군은 어린 소녀들이 병에 걸리면 죽이기까지 했어.

일제는 전쟁에 필요한 물자를 마련하기 위해 쌀을 강제로 거두어들이고, 무기를 만들기 위해 집 안에 있는 놋그릇과 수저까지 모두 가져갔어. 전쟁 물자를 공급하는 군수 공장을 세우고 철, 석탄 같은 지하자원을 캐내어 약탈해 갔지.

전쟁이 끝나고 버려진 일본군 '위안부' 미얀마로 끌려갔던 일본군 '위안부'들은 전쟁이 끝나고 그대로 버려졌지.

평화의 소녀상 일본군 '위안부' 피해자들을 기리고 올바른 역사 인식을 확립하기 위해 만든 동상이야.

아, 얼마나 힘들었을까…….

민족 문화 수호 운동
★ 민족 문화를 지키기 위해 애쓰다

일제가 침략 전쟁을 위해 우리 민족의 정신을 없애 버리려고 하는 상황에서 독립운동가들은 고난의 시간을 보내야 했어. 그렇다고 그대로 무릎을 꿇을 수는 없었지. 우리의 민족 정신을 말살하려는 일제의 식민 지배 정책에 맞서야 했어.

그래서 이윤재와 최현배 같은 학자들은 조선어 학회를 만들고 한글날의 전신인 **가갸날**을 만든 조선어 연구회를 계승했어. 조선어 학회는 우리말과 글을 지키기 위해 잡지 〈한글〉을 계속 간행하고, 한글 맞춤법 통일안을 발표했지.

그러자 일제는 조선어 학회에서 활동하는 독립운동가를 모조리 찾아내어 감옥에 가두었어. 이 **조선어 학회 사건**으로 조선어 학회에서 만들려고 했던 《우리말 큰사전》은 중단되었다가 광복 이후에야 발간됐어.

일제 강점기에 한글은 저항의 도구로도 사용되었어. 암흑과도 같은 시기에 독립에 대한 의지와 희망을 시로 표현했지.

당시에 활약한 저항 시인의 시를 한번 읽어 볼까?

님의 침묵

한용운

님은 갔습니다. 아아 사랑하는 나의 님은 갔습니다.
푸른 산빛을 깨치고 단풍나무 숲을 향하여 난 작은 길을 걸어서 차마 떨치고
갔습니다.
황금의 꽃같이 굳고 빛나던 옛 맹세는 차디찬 티끌이 되어서
한숨의 미풍에 날아갔습니다.
날카로운 첫 「키스」의 추억은 나의 운명의 지침을 돌려 놓고 뒷걸음쳐서
사라졌습니다.
나는 향기로운 님의 말소리에 귀먹고 꽃다운 님의 얼굴에 눈멀었습니다.
사랑도 사람의 일이라 만날 때에 미리 떠날 것을 염려하고 경계하지 아니한
것은 아니지만 이별은 뜻밖의 일이 되고 놀란 가슴은 새로운 슬픔에 터집니다.
그러나 이별을 쓸데없는 눈물의 원천을 만들고 마는 것은 스스로
사랑을 깨치는 것인 줄 아는 까닭에 걷잡을 수 없는 슬픔의 힘을 옮겨서
새 희망의 정수박이에 들어부었습니다.
우리는 만날 때에 떠날 것을 염려하는 것과 같이, 떠날 때에 다시 만날 것을
믿습니다.
아아, 님은 갔지마는 나는 님을 보내지 아니하였습니다.
제 곡조를 못 이기는 사랑의 노래는 님의 침묵을 휩싸고 돕니다.

만해 한용운은 시인이자 승려였고 독립운동가였어.
3·1 운동 당시 민족 대표 33인 중 한 사람으로 독립 선언을 하였지. 1926년에
《님의 침묵》을 출판하여 저항 문학에 앞장섰고 불교를 통한 청년 운동과
언론 활동에 참여해 우리 민족의 독립과 자유를 주장했어.

광야

이육사

까마득한 날에
하늘이 처음 열리고
어데 닭 우는 소리 들렸으랴

모든 산맥들이
바다를 연모해 휘달릴 때도
차마 이곳을 범하던 못하였으리라

끊임없는 광음을
부지런한 계절이 피어선 지고
큰 강물이 비로소 길을 열었다

지금 눈 나리고
매화 향기 홀로 아득하니
내 여기 가난한 노래의 씨를 뿌려라

다시 천고의 뒤에
백마 타고 오는 초인이 있어
이 광야에서 목놓아 부르게 하리라

이육사는 시인이자 독립운동가였어. 형제들과 함께 항일 비밀 결사 단체인 의열단에 가담하여 독립운동을 하였지. 조선은행 대구 지점 폭파 사건에 연루되어 대구 형무소에 수감되었는데, 이때 수인 번호가 264번이라서 호를 '육사'로 했다고 해. 출옥한 뒤 다시 독립운동을 하다가 체포되어 베이징 감옥에서 옥사했어.

서시

윤동주

죽는 날까지 하늘을 우러러
한 점 부끄럼이 없기를,
잎새에 이는 바람에도
나는 괴로워했다.
별을 노래하는 마음으로
모든 죽어가는 것을 사랑해야지
그리고 나한테 주어진 길을
걸어가야겠다.

오늘 밤에도 별이 바람에 스치운다.

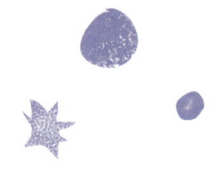

윤동주는 일제와 조선 총독부에 대한 비판과 자아 성찰 등을 소재로 시를 썼어. 항일 운동을 했다는 혐의로 일본 경찰에 체포되어 후쿠오카 형무소에서 옥사했어.
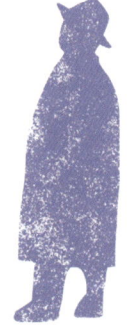

이렇게 우리말과 글을 지키고 저항시로 독립에 대한 의지를 표현하는 한편 우리의 역사를 지키려는 노력도 계속되었지.

일제의 역사 왜곡에 맞서 신채호, 박은식과 같은 역사학자들은 우리 역사의 우수성을 알리는 책을 써서 민족의 자긍심을 높였어. 비록 나라를 빼앗겼지만 우리의 정신을 지키고 있으면 언젠가는 독립을 이룰 수 있다고 생각한 거지.

신채호는 한국인들의 독립 의지를 고취하고자 우리 민족의 치열했던 저항의 역사를 책으로 펴냈어. 또 을지문덕, 강감찬, 이순신과 같은 인물들의 위인전을 펴내 애국심을 높이고자 했지. 박은식은 비록 일제에 나라를 잃었어도 국혼, 즉 민족정신을 지키고 있으면 언젠가 나라를 되찾을 수 있다고 주장하며 일제의 침략과 우리의 독립운동사에 대한 책을 저술하였지.

일제 강점기라는 절망의 시기에도 희망을 찾아 계속 노력한 사람들이 있었기에 지금의 우리가 있다는 걸 잊지 말자.

큰★별쌤 한판 정리

일제 식민 정책

1910년대 무단 통치
- 정치: 조선 총독부
  - 헌병 경찰
  - 태형(오직 한국인)
- 경제: 토지 조사 사업

↓ 3·1운동

1920년대 문화 통치
- 정치: 보통 경찰(수↑)
  - 언론 활동 허용(검열)
- 경제: 산미 증식 계획

↓ 만주 사변 / 중·일 전쟁 / 태평양 전쟁

1930년대 민족 말살 통치
- 정치: 창씨개명
  - 신사 참배
  - 황국 신민 서사 암송
- 경제: 강제 징용
  - 강제 징병
  - 일본군 '위안부'

> 일제의 식민 정책과 우리 민족의 항일 운동을 잘 살펴보자.

무단 통치 일제는 조선 총독부를 세우고 헌병 경찰을 내세워 무단 통치를 실시했어. 또 식민지 지배를 위해 토지 조사 사업을 추진했어.

문화 통치 3·1운동 이후 일제는 보통 경찰제를 실시하고 언론 활동을 허용했어. 하지만 경찰을 늘리고 신문 검열을 강화하고 친일 세력을 키우는 등 민족 분열 통치를 했지.

민족 말살 통치 창씨개명, 신사 참배, 황국 신민 서사 암송 등을 강요하고 강제 징용과 강제 징병으로 사람들을 끌고 갔지.

항일 운동

1910년대 무단 통치
- 3·1운동
  - 민족 자결주의, 민족 대표 33인
  - 유관순 (아우내 장터, 천안)
  - 제암·고주리 학살 사건 ← 스코필드
- 대한민국 임시 정부
  - 상하이
  - 교통국, 연통제
  - 《독립 신문》

1920년대 문화 통치
- 물산 장려 운동 (국산품 애용 운동)
  - 평양
- 대학 설립 운동 ← 日 경성 제국 대학
- 신간회
  - 사회주의 + 민족주의
  - 국내 최대 규모 조직
  - 진상 조사단 파견
- 광주 학생 항일 운동 (1929)
  - 11월 3일 학생 독립 운동 기념일
- 항일 무장 투쟁
  - 봉오동 전투 : 홍범도 ┐ 간도 참변 (1920)
  - 청산리 대첩 : 김좌진 ┘

1930년대 민족 말살 통치
- 한인 애국단 (김구)
  - 이봉창 : 일본
  - 윤봉길 : 상하이 → 중국 지원 계기
- 민족 문화 수호 운동
  - 조선어 학회 : 《우리말큰사전》△
  - 저항 시인 : 한용운 <님의 침묵>, 윤동주 <서시>
  - 민족 사학 : 신채호, 박은식(혼)

3·1 운동 3·1 운동은 전 계층에서 참여한 거족적 민족 운동이었어.
대한민국 임시 정부 3·1 운동을 계기로 상하이에서 대한민국 임시 정부가 수립되었어.
민족 운동 물산 장려 운동, 민립 대학 설립 운동, 광주 학생 항일 운동 등 다양한 운동이 전개되었어.
신간회 사회주의와 민족주의 세력의 연대로 국내 최대 규모의 조직이 결성되었어.
한인 애국단 이봉창, 윤봉길 등이 의거를 통해 우리 민족의 독립 의지를 알렸어.
민족 문화 수호 운동 우리 민족의 역사, 말, 글 등을 지키려는 운동이 전개되었어.

큰★별쌤 별별 퀴즈

1. ★ 안에 들어갈 알맞은 말을 써 볼까요?

- 3·1 운동을 계기로 상하이에 대한민국  가 수립되었다.

- 1920년대 국산품을 애용하여 우리 민족의 산업을 발전시키자는  장려 운동이 전개되었다.

-  이 상하이 훙커우 공원에서 폭탄을 던지는 의거를 일으켰다.

2. 큰★별쌤이 설명하고 있는 것은 무엇일까요?

김좌진이 이끄는 독립군 부대가 홍범도 부대와 연합하여 일본군을 크게 물리친 전투야.

① 봉오동 전투   ② 행주 대첩   ③ 청산리 대첩   ④ 한산도 대첩

3. 다음 문장이 맞으면 O, 틀리면 X에 동그라미를 그려 볼까요?

- 일제는 우리나라를 식민 통치하기 위해 조선 총독부를 설치하였다.

- 3·1 운동 이후 일제는 우리 민족을 탄압하기 위해 무단 통치를 실시하였다.

- 1930년대 일제는 전쟁에 한국인을 쉽게 동원하기 위해 민족 말살 정책을 실시하였다.

4. 독립운동가가 활약한 독립운동을 찾아 선으로 연결해 볼까요?

난 이봉창입니다.

• 우리 민족 정신을 지키기 위해 저항의 역사와 위인전을 책으로 펴냈지.

난 유관순입니다.

• 상하이에서 김구를 만나 한인 애국단에 가입하고 일왕에게 폭탄을 던졌으나 실패했어.

난 신채호입니다.

• 3·1 운동에 참여하고, 일제가 휴교령을 내리자 고향 천안으로 내려가 만세 시위를 주도했어.

큰★별쌤 별별 특강

조국의 독립을 위해 일본과 맞선 여성 독립운동가

우리에게 잘 알려지지 않았지만 수많은 여성 독립운동가들이 조국의 독립을 위해 일본에 맞서 싸웠단다.

남자현

남자현은 남편이 의병 활동 중에 목숨을 잃자, 가족을 돌보다가 3·1 운동 이후 만주로 망명해 독립운동에 투신했어. 만주의 항일 독립군인 서로 군정서에 들어가 무장 투쟁을 지원하고 만주를 돌며 군자금을 모집했지. 국내로 들어와 사이토 마코토 총독 암살 계획에 참여했지만 성공하지 못하자 다시 만주로 돌아가 투옥된 독립운동가들의 석방을 위해 노력했어. 이후 일본 장교를 암살하려다 일본 경찰에 붙잡혀 6개월간 모진 고문을 겪고 단식 투쟁을 이어 가다 순국했어.

안경신

1920년 8월 3일, 식민 통치 기관인 평안남도 경찰국에서 폭탄이 터졌어. 대한 광복군 청년들이 일으킨 폭탄 거사였는데, 안경신도 임신 5개월의 몸으로 참여했지. 안경신은 이 일로 붙잡혀 10년 형을 선고받았어.

윤희순

윤희순은 우리나라 최초의 여성 의병 지도자였어. 1895년 명성 황후가 시해되고 을미의병이 일어나자 윤희순의 시아버지와 남편은 의병 운동에 뛰어들었어. 그러자 윤희순은 남녀가 유별해도 나라가 없으면 아무 소용이 없다며 의병 활동에 동참했어. 군자금을 모집하고 탄약 제조소를 운영했으며 30여 명의 여성들과 함께 여성 의병을 조직했지. 또 여성들의 의병 활동을 독려하기 위해 '안사람 의병가'를 비롯한 8편의 의병가를 만들기도 했어.

정정화

정정화는 밀사로 활약했어. 목숨을 걸고 삼엄한 일본의 감시를 피해 6번이나 압록강을 건너 국내로 잠입해 독립운동 자금을 모금하고 운반했어. 임시 정부가 가장 어려웠던 시기에 임시 정부 요인들의 식사와 건강을 챙기고, 여성과 아이들의 교육을 위해 많은 노력을 기울였지. 그래서 사람들은 정정화를 '임시 정부의 어머니'라고 불렀어.

김마리아

김마리아는 일본 유학 중 2·8 독립 선언에 참여하고 일본의 눈을 피해 독립 선언서를 국내로 가져와 3·1 운동을 준비하고 참여했어. 1919년 3월 5일에 남대문에서 일어난 학생 만세 운동의 배후로 붙잡혀 혹독한 고문을 겪었어. 하지만 석방 후 다시 독립운동을 이어 갔지. 여성들에게 남녀 평등을 가르치며 평생 일제와 남성이라는 이중 억압에 맞섰어.

권기옥

우리나라 최초의 여성 비행사 권기옥은 학생 시절 비밀 결사 조직인 송죽회에 가입해 독립운동을 시작했어. 상하이로 건너가 임시 정부에 참여하면서 임시 정부의 추천으로 중국 항공 학교에 입학해 조종사가 되었지. 언젠가 폭탄을 안고 일본으로 날아갈 수 있을 거라는 꿈을 갖고 중국군에서 우리나라 최초의 여성 비행사로 근무했어.

도전! 한국사능력검정시험

★ 초급 44회 33번

1. 다음 가상 인터뷰의 밑줄 그인 '이 운동'으로 옳은 것은?

① 새마을 운동   ② 금 모으기 운동   ③ 브나로드 운동   ④ 물산 장려 운동

★ 초급 46회 34번

2. (가)에 들어갈 인물로 옳은 것은?

① 김원봉
② 신돌석
③ 이봉창
④ 홍범도

⭐⭐⭐ 기본 49회 35번
3. (가)의 활동으로 옳지 않은 것은?

이것은 1919년 (가) 직원들이 청사 앞에서 찍은 사진입니다. (가) 은/는 3·1 운동을 계기로 상하이에서 수립되어 독립을 위한 다양한 활동을 전개하였습니다.

① 연통제를 실시하였다.
② 독립 공채를 발행하였다.
③ 신흥 강습소를 설립하였다.
④ 한일 관계 사료집을 발간하였다.

⭐⭐⭐ 기본 50회 38번
4. (가)에 들어갈 인물로 옳은 것은?

① 윤동주
② 이상화
③ 이육사
④ 한용운

카드 뉴스 만들기
주제: (가) , 조국의 독립을 꿈꾸다

독립운동을 하다가 대구 형무소에 갇힌 내용을 넣어 보자.

그의 이름이 형무소에 있을 때 수인 번호와 관련 있다는데 그 이야기도 다루자.

대표적인 작품인 광야에 대해 소개했으면 좋겠어.

1

38-39p 큰★별쌤 별별 퀴즈
1. 경복궁 / 병인양요 / 임오군란
2. ③
3. × ○ ○ ○
4.

42-43p 도전! 한국사능력검정시험
1. 초급 43회 27번 ①
2. 초급 46회 27번 ④
3. 기본 47회 31번 ④
4. 기본 48회 33번 ④

2

66-67p 큰★별쌤 별별 퀴즈
1. 갑오 / 을미사변 / 대한
2. ④
3. ○ ○ × ○
4.

70-71p 도전! 한국사능력검정시험
1. 초급 42회 31번 ①
2. 초급 44회 30번 ③
3. 중급 40회 38번 ②
4. 기본 48회 37번 ②

3

90-91p 큰★별쌤 별별 퀴즈
1. 을사 / 국채 보상 / 안중근
2. ④
3. ○ × ×
4.

94-95p 도전! 한국사능력검정시험
1. 중급 46회 35번 ④
2. 기본 47회 35번 ①
3. 기본 50회 30번 ①
4. 기본 50회 31번 ③

4

128-129p 큰★별쌤 별별 퀴즈
1. 임시 정부 / 물산 / 윤봉길
2. ③
3. ○ × ○
4.

132-133p 도전! 한국사능력검정시험
1. 초급 44회 33번 ④
2. 초급 46회 34번 ④
3. 기본 49회 35번 ③
4. 기본 50회 38번 ③

찾아보기

3·1 운동 102, 104

ㄱ
가갸날 120
가비차 62
갑신정변 30-31, 34, 46, 60, 73
갑오개혁 46
강제 동원 118
강화도 16-18, 21-23
강화도 조약 20-21, 26, 40, 45, 60
경술국치 86
고종 12-13, 20-21, 29-30, 50, 54-56, 59-60, 62, 68-69, 77-78, 102
공주 우금치 전투 34
광무개혁 55
광야 122
광주 학생 항일 운동 110
광혜원 60
국채 보상 운동 69, 80-81
군국기무처 46
권기옥 131
근대 병원 60
급진 개화파 30-31
김마리아 131
김옥균 25, 30, 40-41
김좌진 113

ㄴ, ㄷ
남자현 130
내선일체 116
님의 침묵 121
단발령 49
당백전 15
대성 학교 82
대한 제국 54, 59, 85, 97
대한민국 임시 정부 93, 106, 114
독립 협회 40-41, 52-54
독립문 52
독립신문 41, 52, 106
동학 농민군 33-35, 46
동학 농민 운동 32-35, 73

ㅁ
만민 공동회 52-53
명동 성당 59
무단 통치 98
문화 통치 108
물산 장려 운동 109
민립 대학 설립 운동 110
민영환 76
민족 말살 정책 116

ㅂ
박규수 18, 21, 25, 40-41
베델 68-69, 80
별기군 28-29
병인박해 17
병인양요 16-18
보빙사 26, 40, 56
봉오동 전투 113

ㅅ
산미 증식 계획 101
서광범 30-31, 62
서시 124
서양 건축물 59
서울 진공 작전 78-79
서재필 30-31, 40-41, 52
석조전 59
수신사 26
시일야방성대곡 69, 76
신간회 112
신미양요 18
신민회 82

ㅇ
아관 파천 50
안경신 130
안중근 84-86, 92-93
안창호 82
애국 계몽 운동 80
양복 62
영선사 26
오산 학교 82-83
오적 암살단 77
우정총국 30-31
원납전 14
원산 23, 60
원산 학사 60
위안부 119
유관순 104
유길준 26-27, 40-41
육영 공원 61, 68
윤동주 124
윤봉길 93, 115
윤희순 130
을미사변 48-49
을미의병 49-50
을사늑약 68-69, 74-78, 84
을사오적 75, 77
을사의병 78-79
의열단 113, 123
이봉창 93, 114-115
이승훈 82-83
이양선 16
이육사 122-123
이토 히로부미 74, 84-86, 92
이화 학당 61, 104
이회영 83
임오군란 28-30, 41, 63

ㅈ
장인환 84
전깃불 56
전명운 84
전봉준 32-35
전주 화약 34, 46
전차 57
전화 교환수 56
전화기 56
정미의병 78-79
정정화 131
제너럴셔먼호 18
제암리 학살 사건 105
제중원 60
조선 총독부 98, 100, 104
조선어 학회 120
조선어 학회 사건 120
짜장면 63

ㅊ
창씨개명 116
척화비 20
철도 58
청산리 대첩 113
청·일 전쟁 34
최익현 24, 78

ㅋ, ㅌ
커피 62-63

태평양 전쟁 116
태형 98
토지 조사 사업 100

ㅎ
한국 병합 조약 86
한용운 121
한인 애국단 93, 114
항일 무장 투쟁 83, 113
해외 시찰단 26
헌병 경찰 98, 104, 108
헐버트 61, 68
헤이그 특사 68, 77
호떡 63
홍범도 113
환구단 54
황국 신민 서사 117
흥선 대원군 12-17, 20-21, 24, 29, 40

사진 제공

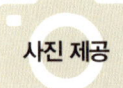

국립고궁박물관
수자기 · 19
환구단과 황궁우 · 54
고종 · 55

국립민속박물관
지게 · 55
원산 학사 · 60

국립중앙박물관
당백전 · 14
척화비 · 20
최익현 초상화 · 24
석조전 · 59
안중근 의사 유묵 · 87

강화박물관
강화도에 침입한 프랑스군 · 16

게티이미지코리아
잡혀가는 전봉준 · 35

국가기록원
헌병 경찰 · 99
일제의 토지 측량 · 100
3·1 운동 · 102

국사편찬위원회
별기군 · 28
호러스 알렌 선교사 부부 · 60
헤이그 특사 · 77
3·1 운동, 3·1 운동 선언서 · 103
대한민국 임시 정부 국무원,
대한민국 임시 정부 청사 · 107
물산 장려 운동 포스터 · 109
청산리 대첩 독립군 · 113
이봉창, 끌려가는 이봉창 · 114
김구와 윤봉길, 의거 전 윤봉길의 모습 · 115
강제 징용 · 118
일본군 '위안부' · 119

규장각 한국학중앙연구원
강화도 조약 체결 모습 상상화 · 22

대한민국역사박물관
수신사 행렬 · 26
보빙사의 큰절 · 27
전차표 · 57
대한매일신보 · 80
대한민국 임시 의정원 태극기 · 107

독립기념관
갑신정변 주역들, 우정총국 · 31
서재필 · 52
을사늑약 풍자화 · 74
안창호, 대성 학교 · 82
이승훈, 오산 학교 · 83
두 동생과 면회하는 안중근 · 86
일제의 토지 측량 · 100

제암리 민가 · 105
한용운 · 121

동학농민혁명기념관
사발통문 · 33

문화재청
경복궁 근정전 · 15
명동 성당 · 59
정관헌 · 63

부산광역시립박물관
경성역 · 58

서울역사박물관
흥선 대원군 · 11, 13, 20
수신사 김기수 · 26
구 러시아 공사관 · 50
경성 제국 대학 · 110

서재필기념사업회
대한매일신보 편집국 직원들 · 80

우당기념관
이회영 · 83

전기박물관
전기시등도 · 56

한국민속대백과사전
개화기 여성 · 62

헬로포토

박규수 초상화 · 25
별기군과 구식 군인 · 28
명성 황후의 장례 행렬 · 48
독립문 · 52
전화 교환수 · 56
한국 최초 모갈탱크형 기관차 · 58
광혜원 · 60
일제의 쌀 수탈 · 101
유관순 수형 기록표 · 104
창씨개명 · 116
평화의 소녀상 · 119

wikipedia
미국에게 함락된 광성보 · 19
운요호 사건 일본 그림 · 21
유길준 · 27
독립신문 · 52
전차 · 57
석조전 이화문 · 59
이화 학당 수업 장면 · 61
서광범, 개화기 여성, 나혜석과 김우영 결혼 사진 · 62
이완용, 이근택, 이지용, 박제순, 권중현 · 75
황성신문에 실린 시일야방성대곡, 민영환 · 76
정미의병 · 79
안중근 · 87
검열 받은 신문 기사 · 108
물산 장려 운동 포스터 · 109
김좌진 · 113
이육사 · 123
윤동주 · 124

*이 책에 수록된 사진은 박물관과 저작권자의 허가를 받아 사용했습니다.
*이 책에 수록된 사진 중 출처가 불명확하여 허가를 받지 못한 일부 사진에 대해서는 저작권자가 확인되는 대로 게재 허락을 받고 사용료를 지불하겠습니다.